로그아웃,
돌아온 아이들

로그아웃,
돌아온 아이들

아동의 컴퓨터게임 중독 극복 사례

정여운 연구서

좋은땅

프롤로그

우리 아이가 이상해졌어요

"선생님, 우리 아이가 컴퓨터게임에 푹 빠졌어요. 왜 자꾸 신경질적으로 변할까요?"

어느 날 한 아이의 엄마가 제게 말했습니다.

아이를 키우는 부모라면 한 번쯤은 이런 말을 해 보거나 들어 보셨을 겁니다. 저 역시도 그런 날들이 있었습니다. 교육자로, 연구자로 또 엄마로서 수없이 마주한 질문이었습니다. "왜 이 아이는 화가 많아지고 신경질적이고 컴퓨터게임이 이 세상에 전부인 것처럼 생각할까?"

학교에는 착실하게 잘 다니는 아이가 집에만 오면 화를 내고 동생과 싸우고, 컴퓨터 앞에서 껌딱지처럼 달라붙어 떨어지지 않는다는 아이들…. 저는 이런 질문들을 붙잡고 사례를 찾아 연구하기 시작했습니다. 책상 위에서의 연구가 아니라 실제로 게임에 몰입했던 아이들을 찾아, 그들을 걱정하던 부모님들을 찾아 함께 이야기하고 함께 답을 찾으려고 노력했습니다. 긴 시간을 쏟았습니다.

　이 책은 논문에서 출발하여 그렇게 태어났습니다. 대학원 학위 논문을 일부 수정하여 책으로 엮었습니다. 연구하며 만난 여섯 명의 아이들은 어쩌면 내 아이와도, 당신의 아이와도 많이 닮았을 겁니다. 이 책에는 컴퓨터게임에 중독된 아이들의 '진짜 이야기'를, 가족이 함께 극복해 낸 여정을 담았습니다. 매주 상담하고 가족이 함께 프로그램에 동참하며 엮어 낸 '사랑의 집'입니다. 이 책은 연구자들뿐만이 아니라, 컴퓨터게임 중독으로 인해 같은 고민을 하는 부모님들께도 필요한 책이 될 수 있겠다 싶어 다시 구슬을 꿰었습니다.

　아이들의 컴퓨터게임을 무조건 억제하는 것이 아니라 '게임 속 아이의 마음을 이해하고 소통으로 연결하는 길'로 갈 수 있기를 바랍니다. 그런 부모님과 아이들에게 따뜻한 마음으로 이 책을 바칩니다.

2025년 5월에

정여운

목차

프롤로그 우리 아이가 이상해졌어요   4

1장. 우리 아이가 컴퓨터게임에 빠졌어요   9
    컴퓨터게임 중독은 어떻게 시작되는가   10

2장. 컴퓨터게임 중독, 어디까지 알고 있나요?   13
    컴퓨터게임 중독의 원인   14
    컴퓨터게임 중독 증상   17
    인터넷 중독증의 개념과 증상   19
    인터넷 중독의 원인 및 진단 기준   21

3장. 아이가 달라진 순간 – 실제 사례 이야기   27
    사례 1 – 초등학생 김인태(가명) 이야기   29
    사례 2 – 초등학생 유성진 이야기   31
    사례 3 – 초등 6학년생 민원규 이야기   34
    사례 4 – 초등 6학년생 안정현 이야기   37

사례 5 – 초등 6학년생 박찬우 이야기   39
사례 6 – 중 3학년생 이기범 이야기   42

4장. 전문가들은 어떻게 도왔는가   47
연구 도구와 분석 방법   48
상담과 실제 사례   50

5장. 사례 연구 결과   89

부록 1. 컴퓨터게임 중독 질문지   99
부록 2. 축어록 상담 사례   103

에필로그   219
참고문헌   222

1장.

우리 아이가
컴퓨터게임에 빠졌어요

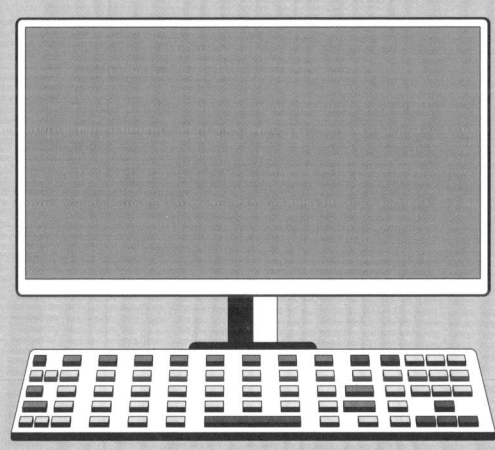

컴퓨터게임 중독은 어떻게 시작되는가

　컴퓨터와 인터넷의 급격한 보급에 따라 컴퓨터는 단순한 자료의 축적이나 관리의 차원을 넘어서 컴퓨터 간의 상호 작용을 통한 의사소통의 필수 도구가 되었다. 최근 몇 년 동안 이런 상황을 이끌어 온 인터넷은 스스로 '인터넷 문화'를 창출하면서 전 세계적으로 시간과 공간을 초월한 사회분위기를 형성하고 있다. 정보화 시대에서 인터넷의 발전은 호기심이 많은 아동들에게 호기심의 충족과 함께 현실세계에서 오는 중압감을 벗어나기 위한 수단으로서의 역할을 하게 되었다. 또한 인터넷을 통한 컴퓨터게임, PC통신 동호회 등 다양한 사이트의 정보 탐색과 교류로 새로운 형태의 놀이 문화로 자리 잡고 있다.

　컴퓨터게임의 세계는 그 다양함과 긍정적인 면 못지않게 문제점도 많이 지적되어 인터넷을 통한 컴퓨터게임을 과다하게 함으로써 심리적, 정서적인 문제뿐만이 아니라 학업·직업 등에도 부정적인 영향을 주었고 이러한 중독증상도 심리학계와 의학계를 중심으로 그들에 대한 연구가 활성화되고 있는 추세이다(송원영; King,

1997; Young, 1996a 1997).

　Young(1996)과 Suler(1998)는 인터넷 중독자들에게서 금단, 내성, 갈구 등의 전형적인 의존현상이 나타남을 관찰하고, 수면장애나 시력저하 등의 신체 증상과 더불어 여러 영역에서 문제점이 나타남을 지적하였다. 또한 게임 중독과 정서적 특성과의 관계를 연구한 이송선(2000)의 연구에서 게임 중독 가능성이 높은 청소년 집단이 충동성, 공격성, 대인 불안의 정도에 차이가 높게 나타났고 컴퓨터게임 중독의 원인이 성취감, 자신감의 획득, 친구로부터 인정받기 위함 등이라고 하였다.

　황상민 · 한규석(2000)은 성격적으로 소심하거나 수줍음이 많아 남 앞에 나서기 어려워하는 아동의 경우 가상공간에서의 활동으로 오히려 대인관계 자신감을 얻을 수도 있고, 현실세계에서 충족하지 못한 사회성의 욕구를 가상공간에서 찾는 사람일수록 충동조절 장애의 일종인 인터넷 중독에 빠질 위험성이 높아진다고 하였다. 컴퓨터게임의 과다한 사용은 초등학생으로 하여금 일상생활에서 부닺치게 되는 다양한 문제해결 능력과 의사소통 기술을 발달시키는 기회를 부족하게 하여 적절한 사회적 기능을 학습할 수 있는 기회를 줄이게 한다. 그런데 컴퓨터게임 중독으로 인해 개인이 일상생활에서 많은 문제를 겪고 있긴 하지만 과연 그것이 컴퓨터게임 중독의 원인인지 아니면, 결과인지 아직 불분명하다. 따라서 종단적 연구를 통하여 컴퓨터게임 중독을 야기하는 요인과 컴퓨터게임 중독의 결과로 발생하는 부작용 및 그에 관한 성공적인 극복방법과 예방대책을 연구하여 밝혀내는 것이 중요하다.

2000년부터 국내에서는 컴퓨터게임 중독에 관해 연구하고 있다. 그 후 점차 컴퓨터 중독에 관한 실태 연구와 초등학생에 대한 연구도 증가하고 있는 추세인데 주로 컴퓨터게임 과다 사용이 아동의 성격 특성이나 생활양식, 의사소통 방식에 미치는 영향 및 컴퓨터게임 실태에 관한 연구들이 대부분이다(김윤덕, 2001; 김일숙, 2001; 송원임, 2001; 손춘자, 2001). 그러나 초등학생들이 컴퓨터게임을 과다 사용 하게 한 요인에 대한 연구는 부진하다. 또한 컴퓨터게임 과다 사용 시 가정에서의 지도 방법에 대한 연구는 거의 없는 실정이다.

본 연구에서는 컴퓨터게임 과다 사용으로 인한 중독 극복 방안을 컴퓨터게임 중독증에서 벗어난 아동들의 사례 중심 연구를 통해 조사해 보고자 한다. 이런 연구는 아동의 컴퓨터게임 중독의 극복과 예방을 위한 구체적인 기초자료를 제공하고 연구를 발전시키는 데 기여할 것이다.

2장.

컴퓨터게임 중독, 어디까지 알고 있나요?

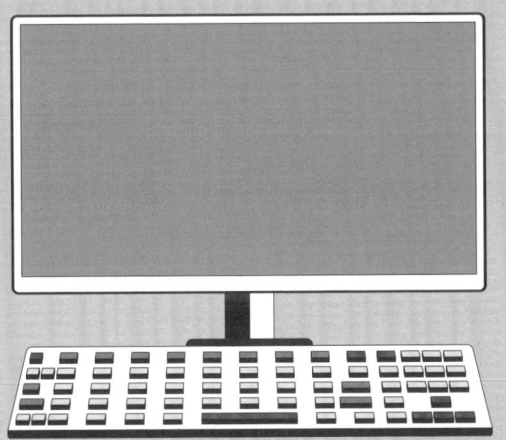

컴퓨터게임 중독의 원인

 컴퓨터게임의 과다한 사용으로 인해 과거 전자오락과는 달리 점차 초등학생에게 심각한 문제가 되고 있는 컴퓨터게임 중독의 원인이 무엇인지 살펴보자.
 인터넷의 발달로 컴퓨터게임은 기존의 전자오락과는 현저히 다른 특성이 있다. 인터넷을 통한 컴퓨터게임 속에서 아이들은 또 하나의 현실인 '가상공간'을 만나게 된다. 가상공간에서의 게임은 자신이 전혀 모르는 전 세계인을 상대로 게임을 할 수 있는 개방성을 가지며 자신을 정확히 나타내지 않기 때문에 현실에서의 억압된 욕구와 행동들을 표출할 수 있는 좋은 통로가 된다. 한편 네트워크를 통한 컴퓨터게임은 상대방과 같이 상호작용하며 게임을 이루어 가는 쌍방향적인 특성과 컴퓨터 보급의 확대로 아무 데서나 컴퓨터를 접할 수 있는 접근의 용이성으로 인해 초등학생들이 더욱 컴퓨터게임에 빠지게 된다.
 최원준(2000)의 「컴퓨터 네트워크 게임의 재미에 관한 연구」에 의하면 게임 상호작용성은 게이머가 느끼는 원거리 실재감에 영향을 미친다고 하였다. 게임을 할 때 지루하지 않게 하는 요소는 친밀감이 가장 큰 영향력을 미치고 있는데 이 밖에도 실존감이나 탈장소감, 상대방 존재감 등이 게임을 지루하지 않게 하는 게이머의 경험으로 도출되었다. 친밀감은 즐거움을 느끼게도 하지만 게임의 주인공이 되어서 게임의 공간을 누비고 다니는 것이 지루하지 않게 하는 가장 큰 원인이라고 나타내었다.

다시 말해 초등학생들이 컴퓨터게임에 중독되는 원인은 게임 자체의 특징인 게임의 재미요소와 게임을 이용하는 이용자의 심리적인 부분과의 상호작용에서 다음과 같이 찾을 수 있다.

첫째, 과도한 공부나 업무 등 답답한 일상의 현실을 잊게 해 주는 현실 도피의 장이 될 수 있다. 둘째, 가상공간에서 자신의 캐릭터의 능력을 키우고 캐릭터를 마음대로 조종할 수 있어서 더욱 게임에 흥미를 갖게 된다. 셋째, 상대방과 연합하면서 사회적인 지위가 높아지는 것을 통해 또 다른 나를 표현할 수 있다. 넷째, 게임을 통하여 주인공에게 부여된 막강한 힘을 소유함으로써 자신이 유능한 사람이 된다는 착각에 빠지게 하며 게임을 통해 스트레스 해소와 파괴본능을 만족시킬 수 있다. 다섯째, 컴퓨터게임은 대부분 몇 개의 단계로 이루어져 있어 승부욕과 성취욕을 자극하기 때문에 끝까지 도전하게 된다. 여섯째, 인터넷과 네트워크를 통해 여러 사람이 같이 동시에 참여할 수 있기 때문에 게임을 할 때마다 새로운 사람이 등장하므로 더 재미있게 할 수 있다.

컴퓨터게임은 시간과 인과율의 순서에 의하여 짜인 통합체로 플레이어에게 제시되는 것이 아니라, 즉 대상물캐릭터상대자 등이 계열체적으로 짜인 하나의 구조이다(이주한, 1997). 컴퓨터게임의 구조는 각 레벨에서부터 하위 임무에 이르기까지 순환과 반복으로 진행된다. 하나의 레벨을 완수할 수 없으면 진행하던 게임을 중단하고 다시 새로운 게임으로 들어가서 능력치를 올린 다음 실패했던 레벨로 다시 돌아가서 난이도가 높은 레벨일수록 거꾸로 돌아가서 재정비를 해야 하기 때문에 자꾸만 빠지게 된다.

청소년들을 대상으로 한 사회정신건강연구소(2000)의 보고서에 따르면 인터넷을 이용한 후 가장 많이 감소했다고 응답한 것은 TV 시청 시간으로 44.7%가 줄었다고 하였으며 생활의 변화 중 크게 감소한 항목은 신문 또는 독서 시간(20.2%), 학교과제나 공부 시간(12.3%)이었다. 기타 가족과의 대화 시간(2.9%), 취미활동 시간(1.4%), 전화하는 횟수(9.3%), 편지·카드 보내는 횟수(6.8%), 선생님에 대한 신뢰(5.9%) 등 전반적 사항에서 감소 추세를 보였다.

컴퓨터게임 중독 증상

　컴퓨터게임은 컴퓨터를 친근하게 만들고 재미있게 해 주고 스트레스를 해소해 준다는 유익한 면이 있는 반면, 지나친 컴퓨터게임의 몰입은 '중독'이라는 심각한 부작용을 유발하게 된다.
　컴퓨터게임 중독이란 컴퓨터게임에 빠져서 정상적인 생활을 하지 못하는 것으로 대표적인 컴퓨터 중독의 하나이다. 즉 과도한 게임 사용으로 인해 학업 및 직장과 가정 및 대인관계에 지대한 영향을 끼치고, 현실과 가상공간을 구분하지 못하는 등의 심각한 문제를 야기하는 현상을 말한다(인터넷 중독 온라인센터, 2001).
　「청소년 인터넷 이용 실태에 관한 연구」(1999. 12월)를 보면 서울 시역 30여 개의 PC방 이용 청소년들 중 이용목석이 게임(74.6%)이나 채팅(11.4%)이 가장 많은 것으로 보고되었다. 이소영(2000)의 남자 고등학생을 대상으로 한 연구를 살펴보면 게임 중독 집단이 비중독 집단보다 문제해결 능력이 낮고, 의사소통 능력도 낮은 것으로 연구결과가 나왔다. 컴퓨터게임 중독에 빠진 초등학생들은 일상적인 생활을 정상적으로 하지 못하고 매일 4~5시간 이상이나 심한 경우는 밥도 먹지 않고 밤새워 게임을 하기도 한다. 컴퓨터게임의 과다사용으로 인해 낮에 학교에서 수업시간에 졸거나 집중하지 못하여 학업부진 현상도 나타난다. 예전처럼 학업에 충실할 수도 없고 밥을 제시간에 못 먹어 소화 불량이 나타나며 모든 취미 활동과 인간적인 친구 관계가 없어 게임 속에서의 친구를 만들어 고립된 사회생활을 하게 된다.

엄밀한 의미에서 '중독증'의 진단은 어떤 대상을 탐닉하는 것만으로는 부족하며 금단 증상 · 의존성 · 내성(耐性) 증상의 발현을 필요조건으로 한다. 또 증상의 정도가 심하고 반복적이며 만성화되어 신체, 심리, 사회 및 직업 활동에 장애를 유발하는 경우가 되어야 '중독현상'으로 볼 수 있다(이정화, 2001).

게임 중독은 아동의 정신건강을 위협하고 있다고 할 수 있다. 정리하면 초등학생의 '컴퓨터게임 중독'은 컴퓨터게임을 절제하지 못하고 과다 사용으로 몰입하게 되어 중독적인 증상이 나타나는 것이다. 즉, 초등학생들이 컴퓨터게임을 통해 해소하려는 심리적인 의존과 중단했을 때 나타나는 금단 증상, 내성 증상과 아동의 학업, 가정생활, 사회적인 기능상의 심각한 변화와 부적응을 보이며 심각한 사회문제를 유발할 가능성이 높다고 할 수 있다.

인터넷 중독증의 개념과 증상

　인터넷 중독이란 마음이 복잡하거나 허전할 때 인터넷에 접속해 시간을 보내며 마음의 위로를 얻으며 인터넷을 하지 않을 때 인터넷상에서 어떤 일이 일어날지에 대해 불안하고 궁금하여 매일같이 하지 않으면 안 되는 심리적 의존증상을 말한다.

　Goldberg(1996)는 병리적이고 강박적인 인터넷 사용을 일컫는 '인터넷 중독장애(IAD; Internet Addiction Disorder)'라는 용어를 처음으로 제안하였다.

　Young(1996)은 인터넷이 알코올이나 약물, 도박처럼 중독될 수 있다는 것을 밝히면서 '의존적인 인터넷 사용자로 구분된 사람들은 유의미한 중독석 행동양상을 보이며, 인터넷 사용이 병리석 장애나 섭식 장애와 마찬가지로 알코올중독과 같이 잘 알려진 다른 중독들과 마찬가지로 그들의 학문적, 사회적, 재정적, 직업적 생활을 명백하게 방해할 수 있다'고 인터넷 중독의 개념을 본격화하였다(이정화, 2001).

　인터넷 중독은 인터넷 사용자들이 인터넷의 과다한 사용으로 인해 현실 생활에 지장을 받을 정도의 신체적, 정신적, 사회적 이상 현상을 경험하는 것을 말한다(이봉건, 1999).

Kimberly&Young(1997)은 통신 중독자들은 마음이 복잡하거나 허전할 때 자기도 모르게 통신에 접속하여 시간을 보내며 마음의 위안을 얻는 의존성과, 웹(web)에 매달려 있는 시간이 자꾸 길어지고 컴퓨터를 끄고 빠져나오기가 점점 힘들어지며 오래 있어도 작업효율은 떨어지는 내성 현상을 보인다. 또한 이들은 통신을 떠나 있으면 통신에 관한 백일몽에 빠지기도 하고, 왠지 초조하고 불안해하며, 통신상에 무슨 중요한 일이 일어났을 것 같은 생각이 들고, 어떤 전자우편이 와 있을지 몹시 궁금해진다. 마치 알코올중독 환자가 술이 떨어졌을 때 손을 떨거나 극도의 불안, 초조에 시달리는 것과 같은 금단 증상이 나타난다고 하였다(김세영, 1999). 양소남(1996)은 통신 중독자들은 모니터 앞에서 통신에 연결되는 순간 긴장이 해소되고 금단 증상이 사라지는 안도감을 느끼며, 심지어는 쾌감을 느끼기도 하고 두뇌에서는 엔도르핀이 분배된다. 금단 증상은 심리적 금단과 신체적 금단의 두 가지가 있는데 신체적 금단 증상이 나타나면 더 심한 중독 상태임을 의미한다고 하였다(김세영, 1995).

인터넷 중독의 원인 및 진단 기준

인터넷 중독에 대한 개념을 처음으로 세운 사람은 1995년 Kimberly 박사이다. 그녀는 온라인 중독 센터(Center for On-Line Addiction)를 세워 통신 중독에 대한 진단표를 다음의 10문항으로 만들었다.

전자편지를 확인해 봐야겠다는 강박관념에 수시로 들어가 보고 "수신 메시지 없음" 박스가 뜨면 실망한다. 예상한 것보다 두세 배가 넘는 통신료 청구서를 받게 되고, 의식적이든 무의식적이든 손가락으로 자판 두드리는 행동을 장소를 가리지 않고 하며, 통신(게임)에 빠져 밤을 새운 적이 있거나, 식사를 거른 일이 한 번 이상 있고, 통신(게임)상의 대인관계가 실생활의 대인관계보다 더 활발하고 따뜻하게 느껴지며, 며칠 동안 통신(게임)을 하지 않으면 왠지 불안하고, 가끔 몽롱한 백일몽 상태에 빠진다. 또한 컴퓨터 앞에 앉으면 안도감이 들고, 통신(게임)상에 머무르는 시간이 점점 더 길어지며 통신상에서 너무 장시간을 보내 학업이나 직장생활에 지장을 받는 일이 있고, 컴퓨터와 밀접한 친밀감을 느낀

나머지 차마 떨어지지 못해 수업에 늦거나 약속시간을 어긴 적이 있다. 가족이나 친구와 통신(게임)상에서 허비하는 시간의 양 때문에 논쟁을 벌인 적이 있다. Kimberly 박사에 따르면 10문항 중 5가지 이상이 해당되면 PC 중독 상태이다(뉴스플러스, 1996; 김세영, 1999 재인용).

사회정신건강연구소(2000)의 「인터넷중독보고서」에 의하면 인터넷 중독증에 영향을 미치는 심리·사회적 변인을 개인적 변인, 부모-자녀 관계, 친구 관계, 인구 통계적 변인과 이용 실태 다섯 개의 변인으로 하였다. 그 결과 인터넷을 주변 사람들과의 갈등이나 스트레스 해소용으로 이용할 때 평소보다 더 자신감이 생기고 자신을 더 멋있게 꾸밀 수 있다고 대답한 사람들일수록 인터넷을 중독적으로 이용하는 것으로 나타났다.

반면 인터넷을 정보 획득이나 인간관계 증진용으로 이용하는 경우는 중독과 많은 관련성이 없었다. 자녀의 인터넷 이용에 대한 부모의 참여 정도는 참여형태(규칙 설정, 통제/감독, 관심/격려)에 따라 약간의 차이가 있지만, 주로 자녀의 발달단계, 어머니의 교육수준 및 어머니의 인터넷 이용능력에 따라 차이를 보인다. 즉 자녀가 어릴수록, 부모의 교육수준이 높을수록, 그리고 부모가 인터넷 이용 능력을 갖고 있을 때, 자녀의 인터넷 이용에 관심을 갖고 이를 격려하는 경향이 높다는 것을 알 수 있다. 특히 자녀들의 지나친 인터넷 이용을 제한하기 위한 규칙 설정이나 통제/감독의 경우와는 달리 자녀들의 인터넷 이용능력을 향상시키기 위한 부모들의 높은 관심과 부모의 인터넷 이용능력이 가장 중요한 요인이라 할 수 있다.

 청소년의 인터넷 이용은 주로 성별, 발달단계별, 그리고 자녀의 인터넷 이용에 대한 부모의 참여(지도) 유형에 따라 커다란 차이를 보인다. 남자 청소년이 여자 청소년에 비해 사용시간이 훨씬 많으며, 특히 인터넷 게임에 몰입하는 정도가 매우 높은 반면, 여자 청소년은 E-mail 사용 정도에 있어 남자 청소년보다 약간 높은 것으로 나타났다. 그리고 연령이 높아질수록 사용시간이 약간씩 늘어나며, 활동 유형에 있어서는 학생들의 성적 저하, E-mail 사용이나 채팅 및 게임 몰입 정도가 낮은 것으로 드러났다.

 인터넷 몰입자들과 비몰입자들 간에 우울, 대인관계(사회적 불편감), 충동성, 감각 추구 성향의 네 가지 척도에 대해 변별되는 특성이 있는지를 알아본 결과, 인터넷에 몰입하는 사람들이 그렇지 않은 사람들보다 더 우울하고 충동적이었다. 몰입 집단에 있어서 자신을 스스로 인터넷에 중독되었다고 생각하는 사람이 그렇지 않은 사람에 비해 우울을 덜 경험했다. 즉 자신의 인터넷 중독 행동을 자각하지 못하면서 인터넷에 몰입해 있는 사람이 더 우울한 것으로 나타났다(윤재희, 1998).

 중독에 미치는 영향을 분석한 결과 대인관계 효능감이 높을수록 인터넷 중독 사용 경향은 낮으며, 현실 생활에서 개인적 자기 효능감과 대인관계 효능감이 낮을수록 중독적 사용 경향이 높은 것으로 나타났다. 초등학생은 인터넷 중독 증상을 보이는 학생이 자존감이 낮고, 불안감이 높으며 쉽게 권태감을 느끼며 충동적인 것으로 나타났고 중학생은 권태감, 충동성, 자아 정체감 불안정이 높았다(이정화, 2001).

김일숙(2001)은 초등학생 317명을 대상으로 컴퓨터게임과 초등학교 폭력에 관하여 연구를 하였다. 그 결과 탐닉 집단이 비탐닉 집단보다 PC방을 더 많이 이용하는 것으로 나타났으며 탐닉집단과 비탐닉 집단도 낮 12시와 저녁 6시 사이에 게임을 더 많이 하는 것으로 나타났다(123명). 모든 집단이 주로 방과 후에 게임을 하며 탐닉집단은 비탐닉 집단보다 저녁 시간에 게임을 하는 아동이 많은 것으로 나타났다. 컴퓨터게임 탐닉과 공격성에 대해 게임 탐닉 효과는 공격성에 영향을 주는 것으로 나타났다. 게임 탐닉의 효과는 학교폭력 가해 정도에 영향을 주는 것으로 나타났다. 게임 탐닉과 성별의 상호작용 효과는 학교폭력 가해 정도에 영향을 주는 것으로 나타났다.

▲ 쉿! 떠들면 꽃게가 도망간다고

3장.

아이가 달라진 순간
– 실제 사례 이야기

본 연구의 대상은 컴퓨터게임 중독에서 벗어났다고 보고된 아이를 소개받아 중독의 여부를 조사해서 진단해 보아 중독으로 나타난 아동을 대상으로 하였다. 대상은 초등학교 2학년 1명, 4학년 1명, 6학년 3명, 중학교 3학년 1명 등 6명과 컴퓨터게임 중독에서 벗어났다고 보고하는 그들의 부, 모, 또는 고모였다. 연구 대상자는 컴퓨터게임 중독에서 벗어났다고 소개받은 아동들을 연구자의 주위에 아는 사람들의 탐문과 인맥을 통한 방법으로 대상을 선정하였다.

사례 1 – 초등학생 김인태(가명) 이야기

1. 아동의 인적 사항

만 8세. 초등학교 2학년으로 경기도 A시에 살고 있는 남자아이이다.

2. 가족관계

아버지는 39세로 고졸의 학력을 가졌으며 2남 1녀의 장남이고 회사 생산직에 종사하고 있다. 어머니는 37세로 고졸의 학력을 가졌으며 2남 1녀의 막내이며 판매직에 종사하고 있다. 그 외 가족으로는 할머니와 형 한 명이 있다.

1) 생육사

부모는 중매결혼을 하였으며 3년 전 연구 아동이 6세 때 이혼하였다. 부모의 이혼 후 연구 아동이 7세 때부터 집안의 경제적 어려움으로 아동은 할머니 집에서 아버지와 형과 함께 살고 있다. 주 교육은 연구 아동이 6세 때까지는 어머니가 하였고 7세 때부터 주양육자는 할머니이다. 아동이 혼자서 노는 시간이 많아지자 7세 때부터 현재까지 학원과 방과 후 교실에서 주 교육을 받고 있다.

2) 대인관계

내성적이고 자기표현력이 부족하며 자신감이 없는 아동이다. 노는 것은 좋아하나 친구들을 많이 사귀지는 않고 주로 동네 친구와 자기보다 2, 3세 어린 유치원생들과 많이 논다.

3) 주 호소

면담 당시 연구 아동의 아버지는 컴퓨터게임 중독에 관해 크게 다섯 가지 어려움이 있다고 했다.

첫째, 인터넷에서 컴퓨터게임을 하는 데 하루 평균 4시간 이상의 시간을 소모해야 만족을 얻는 내성 증상이었다.

둘째, 장기간의 심한 컴퓨터게임 사용을 중지하거나 감소시키면 나타나는 금단 증상으로 아무 데서나 손가락으로 자판 두들기는 시늉을 하였다.

셋째, 학교 수업 시간에 컴퓨터게임 생각을 하다가 선생님께 혼난 적이 많고 주의가 산만하다.

넷째, 목소리에 힘이 없고 자신감이 부족하며, 밥도 잘 안 먹고 학업 성적이 부진하며, PC방에 자주 다닌다.

사례 2 – 초등학생 유성진 이야기

1. 아동의 인적 사항

만 10세. 초등학교 4학년으로 경기도 A시에 살고 있는 남자아이이다.

2. 가족관계

아버지는 41세로 대학 졸업의 학력을 가졌으며 1남 1녀의 막내이고 전문직에 종사하고 있다. 어머니는 42세로 고졸의 학력을 가졌으며 1남 3녀의 첫째이다. 아버지와 어머니는 3년 전에 이혼하고 그때부터 아버지와 살고 있다. 그 외 가족으로는 누나 1명이 있다.

1) 생육사

부모는 중매결혼을 하였으며 교제 기간 중에 연구 아동의 누나를 임신하게 되어 아버지 쪽에서 원치 않는 결혼을 하게 되었다.

따라서 어머니는 임신 3개월에야 결혼식을 올렸다. 부모의 이혼으로 초등학교 2학년 때 연구 아동은 충청도 K 시에 있는 할머니 집에서 자라게 되었다. 2학년이 되면서 4월에 전학을 가서 이전에 사귀던 친구들과 헤어진 부모를 그리워하며 울면서 지냈다. 연구 아동의 아버지는 할머니가 돌아가시기 전에 손자라도 실컷 보시고 자식들에게는 자기의 뿌리를 알게 하고 어른을 공경하는 마음을 키우게 하려는 의도에서 시골로 보내게 되었다. 이후 2001년 12월 중순경 연구 아동은 충청도에서 다시 아버지가 있는 경기도 A 시로 4학년이 되자마자 전학하였으며 아버지, 누나와 함께 살게 되었다.

5세부터 7세까지 3년간 유치원을 다녔으며 성격은 밖에서 잘 노는 활달한 성격이었다. 글자 깨우쳐 주기, 동화 읽어 주기, 학습지 지도하기 등 가정에서의 주 교육은 아버지가 주로 하였으며 연구 대상은 어머니와 공부하는 것보다 아버지와 함께 공부하는 것을 더 좋아했다. 어머니가 아이에게 공부 가르치는 것을 귀찮아하자 아이들의 공부는 주로 아버지가 가르쳐 주었다.

2) 대인관계

활달하고 노는 것을 좋아해서 친구들 집에도 잘 가고 서로 어울려 잘 노는 성격이다. 상황에 따라 자신에게 불리한 일에 처했을 때는 솔직한 말을 회피한다.

3) 주 호소

첫째, 컴퓨터게임에 하루 평균 5시간 이상의 많은 시간을 소모해야 만족을 얻는 내성(耐性) 증상이었다.

둘째, 장기간의 심한 컴퓨터게임 사용을 중지하거나 감소시키면 눈을 자주 깜박거리는 틱장애와 불안, 허전하여 이 방, 저 방을 돌아다니며, 아무 데서나 손가락을 자판 두드리는 운동의 금단 증상이 나타났다.

셋째, 컴퓨터게임 사용시간이 계획했던 것보다 더 길어지는 경우였다. 넷째, 컴퓨터게임으로 인해 수면장애로 학업성적이 부진하였고 밤에 자면서 컴퓨터게임에 관한 꿈을 꾸며 가끔 소리를 지르기도 하였다. 다섯째, 컴퓨터게임을 혼자서 많이 하려고 그것 때문에 누나와 자주 싸우고 게임 때문에 밥도 안 먹고 집에서만 놀아 친구가 없어졌다. 여섯째, 컴퓨터게임 CD를 사기 위해 거짓말을 하고 할머니의 주머니에 손을 대며 부모님 모르게 PC방에 다녔다.

사례 3 – 초등 6학년생 민원규 이야기

1. 아동의 인적 사항

만 12세. 초등학교 6학년생으로 경기도 A시에 살고 있는 남자아이다.

2. 가족관계

아버지는 46세로 고졸의 학력을 가졌으며 4남 3녀의 둘째이며 장남이고 알루미늄새시업을 하고 있다. 어머니는 44세로 고졸의 학력을 가졌으며 1남 6녀의 여섯째이며 딸 중에서는 다섯째이다. 남편의 가게에서 경리 업무를 도와주다가 5년 전부터 전업주부로 일하고 있다. 어머니는 두 아이를 유산 후 연구 대상 아동을 힘들게 출산하였다.

1) 생육사

부모는 중매결혼을 하였으며 어머니가 33세에 출산하고 두 번의 유산 후에 태어난 아이라 과잉보호로 키우게 되었다. 아동의 아버지는 자식에 대한 애정과 관심이 없고 귀하게 얻은 자식인데도 제대로 안아 주거나 어디 데리고 다니는 일이 없었다. 연구 아동은 말을 잘 하지 않고 자기표현이 없는 편이고 소심하고 내성적이며 외아들이라 어머니는 의도적으로 똑똑한 이웃집 아들에게 자주 놀러 가고 친하게 지내게 하였다. 유치원 교육은 받지 않았으며 주 교육은 7세 때 학원 교육을 받았고 초등학교 3학년이 되면서 학업성적이 부진하여 보습학원과 태권도 학원에 다녔다. 어머니가 책을 사다 주지만 독서를 싫어하고 공부에 흥미가 없고 어머니의 강압에 못 이겨 학원에 다니고 있다. 주 양육자는 어머니이다.

2) 대인관계

내성적이고 자기 표현력이 부족하며 말을 잘 하지 않고 언어가 불분명하다. 대중 앞에 나서기를 싫어하고 집안 친척이 놀러 와도 고개만 끄덕할 뿐 인사말은 혼자 중얼거리기만 한다. 친구를 많이 사귀지 못하는 소극적인 성격이고 아버지와 해야 할 말이 있어도 하지 않고 어머니에게 항상 의존하며 자발성이 부족하다.

3) 주 호 소

연구 아동의 어머니는 면담 당시 크게 다섯 가지의 중독에 관한 문제행동을 말했다.

첫째, 아이를 만나 면담 협조사항을 얘기하자 연구 아동의 어머니는 "제발 우리 아이 말문 좀 틔워 달라", "제발 수렁에서 좀 건져 내어 달라"고 했다. 그만큼 아이는 말수가 적었다.

둘째, 금단 증상으로 컴퓨터게임을 장기간 하지 않으면 다리를 떨고 눈을 자주 깜빡거리는 틱장애가 나타났고 불안, 초조현상의 문제행동이 나타났다.

셋째, 목소리에 힘이 없고 부정확하고 자신감이 없으며 사람을 기피하고 자기만의 고립된 세계에 빠져들어 있었다.

넷째, 공부에 흥미가 없고 학업 성적이 부진하며 앞날에 대한 계획이 없고 하루 평균 5시간 이상 게임을 하면서도 만족하지 않았다.

다섯째, 성질이 날카로워지고 신경질적이고 반항을 많이 하며 거짓말이 늘었으며 가족들과 어울리기 싫어하고 의사소통의 장애가 나타났다.

사례 4 - 초등 6학년생 안정현 이야기

1. 아동의 인적 사항

만 12세. 초등학교 6학년으로 경기도 S 시에 살고 있는 남자아이이다.

2. 가족관계

아버지는 40세로 대학 졸업의 학력을 가졌으며 1남 1녀의 첫째로 건설직에 종사하고 있다. 어머니는 36세로 방문판매업을 하고 있으며 대졸의 학력을 가지고 있다. 그 외 가족으로는 남동생 1명이 있다.

1) 생육사
주 양육은 어머니가 하였으며 연구 아동이 3학년 때까지 어머니는 전업 주부로 있었다. 연구 아동이 3학년이 되면서 연구 아동의 아버지의 건설업이 경기가 좋지 못하여 그때부터 어머니가 같이 맞벌이를 시작하게 되었다. 5세 때는 학습지를 방문교사가 가르쳐 주었으며 6, 7세 때까지는 유치원에 다녔으며 계속해서 하던 학습지는 아이가 스트레스 쌓일까 봐 4학년 때 끊었으며 연구 아동이 5학년 때부터 컴퓨터 학원에 다니고 있었다. 현재 속셈, 피아노, 컴퓨터 학원에 다니고 있고 그동안 다양하게 바둑 학원, 피아노, 수영 교육을 받아 왔다.

2) 대인관계
내성적이고 숫기가 없어 남 앞에 나서기를 싫어하지만 친구들은 잘 사귀는 편이며 남을 배려할 줄 알며 온순한 성격이다.

3) 주 호소
컴퓨터 중독에 관해 다섯 가지 어려움이 있었다고 연구 아동의 모는 말했다.
첫째, 가족과 함께 지내기 싫어하고 혼자 있고 싶어 하였다.
둘째, 동생과 자주 싸우고 폭력적, 신경질적인 성격으로 바뀌었다.
셋째, 컴퓨터게임을 하느라 움직임이 적어지고 그로 인해 몸이 허약해졌다.
넷째, 거짓말을 하며 PC방에 다니고 학업을 소홀히 하였다.
다섯째, 친구가 없어졌고 자기 할 일을 잘하지 못하였다.

사례 5 – 초등 6학년생 박찬우 이야기

1. 아동의 인적 사항

만 12세. 초등학교 6학년으로 경기도 K 시에 살고 있는 남자아이이다.

2. 가족관계

아버지는 41세로 대학 졸업의 학력을 가졌으며 1남 1녀의 막내이고, 대기업에 다니다가 3년 전에 전문자격증을 따서 법률 계통의 전문직에 종사하고 있다. 어머니는 38세로 대학원 졸업의 학력을 가졌으며 4남 1녀의 넷째이며 유치원을 경영하고 있다. 그 외 가족으로는 여동생 1명이 있다.

1) 생육사

부모는 중매결혼을 하였으며 어머니는 연구 아동이 6세 때까지 전업주부로 일하다 연구 아동이 7세가 되면서 유치원을 경영하게 되었고 주 양육자는 어머니이다. 5세부터 6세 때까지 어린이집에 다녔고 7세 때부터 초등학교 3학년 마칠 때까지 어머니가 운영하는 유치원에 다녔다. 아동의 방과 후 생활은 어머니의 유치원 방과 후 교실에서 주로 하였다. 3학년이 되자 어머니는 대학원 공부를 시작하였으며 어머니가 대학원 수업이 있는 날은 아버지가 일찍 퇴근해서 아이들을 돌봐 주었다. 초등학교에 다니면서도 특별히 학원 교육을 받은 것은 없고 몸이 왜소하여 초등학교 3학년이 되면서 태권도와 검도 학원에 2년 반 정도 다닌 적이 있으며 거의 모든 교육은 어머니가 집에서 하였다. 연구 아동의 취미는 독서였다. 연구 아동의 어머니는 아동이 5세 때부터 어머니가 함께 도서관을 다녔고 연구 아동의 어머니는 아동과 함께 서점에 가서 책을 고르는 등 일찍부터 책과 친해지는 교육을 시켰다. 아동은 한 군데서 책을 끝까지 다 보아야 일어나는 몰입형의 성격이었다.

2) 대인관계

유치원을 졸업할 때까지 재롱잔치를 하거나 대중 앞에 설 때 손으로 얼굴을 가릴 정도로 남 앞에 나서는 것을 싫어했다. 아는 것은 많지만 손을 들고 발표하는 것이 부족했으며 키가 또래들보다 작고 왜소하여 심리적으로 위축감을 느끼며 친구들이 붙여 주는 "꼬마"라는 별명에 스트레스를 받기도 하였다. 친구들은 잘 사귀나 반 전체 아동과 다양하게 친한 것은 아니며 소그룹으로 마음에 드는 친구를 깊이 사귀는 편이다. 운동을 시작하면서부터 자신감이 생겨 발표도 잘하고 활달하게 놀기도 했으나 여전히 대중 앞에 나서는 것은 좋아하지 않는 성격이다.

3) 주 호소

컴퓨터 중독에 관해 크게 다섯 가지 어려움이 있었다고 연구 아동의 모는 말했다.

첫째, 내성 증상으로 컴퓨터게임에 하루 평균 5시간 이상의 많은 시간을 소모해야 만족을 얻었다.

둘째, 장기간 컴퓨터게임 사용을 중지시키면 금단 증상이 나타났다. 불안, 초조, 허전하며 손가락으로 아무 데서나 자판 두드리는 시늉을 하며 눈이 뻑뻑하고 눈물이 나오지 않고 안구 건조증과 눈을 자주 깜빡거리는 틱장애도 나타났다.

셋째, 컴퓨터 앞에서 인스턴트 음식을 먹고 제시간에 밥을 먹지 않아 성장 발달에 장애를 가져왔고, 기다리지 못하고 인내심이 부족해졌다.

넷째, 밤을 새워 컴퓨터게임을 하느라 수면장애를 겪고 있고, 학업태도가 불량하여 생활 태도, 청결에 문제를 가져왔다.

다섯째, 좋아하던 독서를 소홀히 하고 동생과 자주 싸우고 혼자 고립된 생활을 하려고 하고, 신경질적, 폭력적인 아이로 변하였다.

사례 6 – 중 3학년생 이기범 이야기

1. 아동의 인적 사항

15세. 중학교 3학년으로 경기도 Y 시에 살고 있는 남자아이다.

2. 가족관계

아버지는 44세로 대졸의 학력을 가졌으며 2남 1녀의 장남이고 음식점을 자영하고 있으며, 어머니는 41세로 고졸의 학력을 가졌으며 2남 1녀의 장녀이며 서비스업에 종사하고 있다. 할머니 집에서 할머니와 할아버지, 고모, 고모부와 고종사촌 동생들과 함께 살고 있으며 그 외 가족으로는 2살 아래인 남동생이 한 명 있다. 부모는 중매결혼을 하였으며 연구 아동이 중1이 되던 해 이혼하였다. 부모가 이혼하기 전에 아동이 정신적인 안정을 찾도록 초등학교 6학년 때부터 연구 아동의 할머니 집에서 할머니와 고모부 가족의 보살핌을 받으며 같이 생활하고 있다.

1) 생육사

연구 아동이 중학교 1학년 때 연구 아동의 고모는 연구 아동이 집안의 장손이라 공부를 잘 시킬 목적으로 연구 아동을 자신의 집에 데리고 와서 양육하고 있다. 고모 집에서 같이 생활한 지는 4년 정도 되었다. 아버지는 1주일에 한두 번 만나고 어머니는 이혼 후 아예 안 만나고 있다. 초등학교 6학년 이후 주 양육자는 고모가 되었다. 연구 아동이 초등 5학년 때까지는 어머니가 교육하였고 초등학교 6학년 이후 주 교육은 고모가 시키고 있다.

2) 대인관계

대중 앞에 나가면 자신 없는 성격이긴 하나 친구들을 비교적 잘 사귀고 온순한 편이며 혼자 있는 성격보다는 여럿이 어울려 지내는 걸 좋아하는 성격이다.

3) 주 호소

면담 당시의 연구 아동의 고모는 컴퓨터게임 중독에 관해 크게 다섯 가지의 어려움이 있었다고 했다.

첫째, 내성 증상으로 인터넷에서 컴퓨터게임에 하루 평균 5시간 이상의 많은 시간을 소모해야 만족을 얻을 수 있었다.

둘째, 장기간의 심한 컴퓨터게임 사용을 중지하거나 감소시키면 불안, 초조, 가슴이 두근거리는 금단 증상이 나타났다.

셋째, 밤샘하는 날이 많아지자 학교 수업 태도가 엉망이고 성적이 부진하였으며 주의력이 산만해졌다.

넷째, 행동도 부자연스럽고 상대방과 의사소통이 잘 안 되고 있으며 눈동자가 풀리는 듯한 증상이 나타났다.

다섯째, 밥도 잘 안 먹고 굶기가 다반사이며 가족들과 어울리기 싫어하고 언제나 고립된 환경 속에서 혼자 있고 싶어 했다.

▲ 얘들아! 미끼를 잘 끼워야 해

4장.

전문가들은 어떻게 도왔는가

연구 도구와 분석 방법

본 연구에서는 반구조화된 질문지를 사용하였다. 이 질문지는 컴퓨터게임 중독 관련 선행연구의 분석을 통해 연구목적을 이룰 수 있는 질문내용을 추출하여 정리한 뒤 컴퓨터게임 중독 증상을 보이는 아동 3명을 심층 면담 후에 보강하여 구성하였다. 이들과의 면담에서 선행연구에서 제시되지 않았던 다양한 중독 증상이 나타났다. 반구조화된 질문지는 연구 문제별로 구성되었다(부록 1).

사례 수집은 연구자의 인맥, 탐문의 방법으로 하였다. 컴퓨터게임 중독에서 벗어난 초등학생을 두 차례에 걸쳐 예비 면담하고 그 후에 부모를 면담했다.

면담은 개별 면담을 하였으며 아동과 부모의 협조 아래 녹음기를 사용하였고 속기 작성을 같이 하였다. 사전에 전화로 아동과 컴퓨터게임 중독에 관련한 면담 내용을 말하고 부모에게 협조를 요청한 후 부모와 면담 날짜를 잡아 토요일, 일요일에 주로 면담하였다. 면담은 녹음을 한 후에 녹음한 내용을 어록으로 작성하여 빠진 내용은 2차, 3차 면담까지 하기도 하고 연구자와 거리가 먼 아동은 전화로 추가 면담을 하였다.

　연구문제와 관련하여 반구조화된 질문지를 만들기 위해 1차 예비 면담을 거친 3명의 아동에게서 나타난 컴퓨터게임 시작 시기와 계기, 아동이 자각하는 중독 증상 및 여러 가지를 살펴보았다. 1차 면담 후 아동과 어느 정도의 친숙함이 생긴 후에 2차 면담을 시작하였고 2차 면담 시에는 아동이 느끼지 못하는 중독 증상 및 가족 간의 갈등을 알아보기 위해 경우에 따라 가족과도 면담을 같이 하였다. 면담은 아동의 집에서 주로 이루어졌고, 연구자가 반구조화된 질문지를 만들어 다른 3명의 아동에게 심층 면담을 실시한 후 새로운 중독 증상을 찾아내고 다시 질문지를 수정하여 본 면담 시에 6명의 아동에게 실시하였다.

　컴퓨터게임 과다 사용 시 부모의 지도 방안을 알아보기 위해 반구조화된 질문지와 직접 면담을 통한 질적 접근법을 실시하였다. 한 아동에게 1차 시 사용한 면담시간은 1~2시간이었고 2차 시 면담 시간은 2시간이었다. 면담 내용을 분석하기 위해 연구 대상과 면담한 축어록을 작성한 후 녹음 내용을 연구 문제별로 기술하고 분석하였다. 내용 분석은 주관적인 것을 배제하고 내용 분석 기제를 만들기 위해 전문가 한 사람과 같이 하여 같은 분석이 일치되는 것을 그대로 놓고 일치하지 않는 것은 채택하지 않고 사례 연구를 내용 분석 하였다.

상담과 실제 사례

1. 아동이 지각하는 컴퓨터게임 중독의 실태, 자각 증세, 극복 과정은 어떠한가?

1) 아동의 컴퓨터게임 과다사용 계기

〈사례 1〉 아동이 컴퓨터게임을 시작한 시기와 계기는 3년 전 부모의 이혼 후 방과 후에 혼자 집에 있는 시간이 많게 되었고 주위에 친구들도 컴퓨터게임을 많이 하고 있기 때문이었다. 주위 사람들이 하는 것을 보면서 하고 싶은 마음이 생기게 되었고 방과 후에 돌봐 줄 어른이 없이 오랜 시간 집에 혼자 있게 되어 무료하고 심심하여 졸리기도 하고 엄마와 떨어져 살고 있어 엄마에 대한 그리움, 외로움을 달래기 위해 하였으며 또 게임의 특성상 흥미 있고 재미있어서 시작하게 되었다.

〈면담 내용의 예〉
면접자 : "○○는 어떤 때 컴퓨터게임을 하나요?"

아 동: "엄마가 보고 싶어서 한 적도 있어요. 게임을 하니까 엄마랑 비슷한 사람이 나오면 볼 수 있어서요. 게임에서 옛날 친구를 만날 수 있으니까요."
면접자: "엄마가 보고 싶을 때는 어떻게 하나요?
아 동: "비슷한 사람을 골라요. 캐릭터 중에 안경 쓴 사람이요. 우리 엄마도 안경 쓰거든요. 엄마는 서울에 살아요."

한편 〈사례 2〉 아동은 6세 때 TV와 연결하는 전자오락게임을 주로 하였는데 TV와 연결하는 게임이라 아이의 게임 시간은 가족들의 TV 시청을 방해했다. 그러다 우연히 친척한테 중고 컴퓨터를 얻게 되어 컴퓨터게임을 시작하였다. 부모의 이혼으로 아동이 부모와 떨어져 시골 할머니 집에서 살게 되자 부모의 제지가 별로 없었고 할머니가 엄하지 않아서 더 하게 되었으며 전학 후 친구들을 사귀기 전에 이미 컴퓨터게임에 익숙해져 있었고 전학 후 아는 친구가 없어 무료하고 게임의 특성상 재미있고 인터넷 설치 후 게임을 더 하게 되었다.

〈사례 3〉 아동은 친구들의 권유로 PC방에서 해 보니까 재미있고 친구들이 다 하니까 또래문화 때문에 하게 되었으며, 〈사례 4〉의 아동은 집에 컴퓨터를 사면서 컴퓨터게임을 시작하게 되었는데 친구들이 모두 게임을 하는데 게임을 모르면 친구와 대화에 끼일 수 없을 것 같아서, 방과 후에 혼자 집에 있으면 무료하고 게임이 재미있으니까 하게 되었다.

〈사례 5〉 아동은 5세 때 친척한테 중고 컴퓨터를 얻어 오게 되면서 컴퓨터게임을 시작하였다. 컴퓨터 사용을 제지하면 아동은 TV에 연결하여 전자오락을 하니 TV 시청을 방해하여 부모는 컴퓨터 사용을 허용하였다. 이미 5세 때부터 전자오락게임 경력이 있어서 컴퓨터를 접할 때 아동은 상당한 수준의 게임 실력이 있었다. 아동은 키가 작고 몸이 왜소하여 아동의 아버지는 게임을 잘하면 친구도 잘 사귀게 될 거라고 생각하며 유아기 때부터 게임 사용을 허용하였다. 친척이나 친구 등 주변 사람들의 권유로 또 재미있을 것 같아서 하게 되었는데 해 보니까 재미도 있고 성취감도 느껴져서 게임을 시작하게 되었다.

〈사례 6〉 아동은 초등학교 6학년 때 컴퓨터가 들어오게 되면서 컴퓨터를 접하게 되었다. 처음에 아동의 집에는 컴퓨터게임이 없었고 아동은 컴퓨터를 잘 다루지 못해 많이 하지 않았는데 집 근처에 PC방이 생기면서 또 게임을 잘 모르면 친구들과 대화가 안 되어 같이 낄 수 없기 때문에 시작하였다. 초등학교 6학년 때 집에 컴퓨터를 구입하게 되면서 컴퓨터를 접하게 되었다. 처음에 아동의 집에는 컴퓨터게임이 없었고 아동은 컴퓨터를 잘 다루지 못해 많이 하지 않았는데, 집 근처에 PC방이 생기면서 또 게임을 안 하면 친구들끼리 화제가 안 되고 모르면 소외감 때문에 친구들과의 레벨을 맞추기 위해 시작하게 되었다. 또 게임 자체의 특성이 레벨을 상승시키는 것이므로 한 단계씩 정복하여 다음 단계로 넘어가면서 자기 만족감과 재미요소 때문에 컴퓨터게임을 시작하였다.

〈사례 6〉
면접자: "컴퓨터게임을 먼저 시작하는 친구들의 심리는 어떤 것 같나요?"
아　동: "누군가가 먼저 게임을 시작하여 깨우친 다음 학교에 와서 친구들에게 재미있다고 퍼뜨리면 친구들이 집에 가서 그걸 듣고 결과를 기다리는데요. 자기가 친구들보다 먼저 시작했다는 우월감 때문에 더 많은 게임을 하게 되는 것 같아요."

2) 아동이 지각하는 컴퓨터게임 중독의 개념 이해와 중독 자각 증세
〈사례 1〉아동은 '중독'이라는 말의 뜻 자체도 인식하지 못했고 '중독'이라는 말을 들어 본 적도 없다고 하였으며 자신이 중독되어 있다고 느끼지도 못하였다. 〈사례 2〉아동은 '중독'의 뜻을 '하지 않으면 안 되는 것. 계속 해야 되고 자꾸만 하고 싶은 마음이 드는 것'으로 알고 있었다. 초등 6학년 아동은 '중독'이라는 개념을 구체적으로 확실히 알고 있었다.
〈사례 3〉아동은 '게임 중독은 안 하면 손이 떨리고 밥도 안 먹고 게임하다가 죽는 것', 〈사례 5〉 아동은 '중독은 한 가지에 너무 몰두하여 다른 일을 하지 않는 것'이라고 했고 두 아동 모두 자신들이 중독이라는 말을 들어 본 적이 있다고 했다. 〈사례 6〉 아동은 '중독은 자기 자신은 안 해야 된다고 생각하나 의지대로 못 하고 계속하게 되는 것'이라고 하였다.

〈사례 5〉 초등 6학년 아동은 어머니와 동생, 가족한테서 '게임 중독자'와 '게임광'이라는 말을 들은 적이 있다고 하였으며 〈사례 6〉 아동은 자신이 고모한테서 '게임 중독자'라는 말을 들은 적이 있다고 하였다.

〈사례 1〉, 〈사례 2〉 아동은 컴퓨터게임을 하루에 4시간 이상 하면서도 자기가 중독이라는 자각 증세가 없었다. 〈사례 3〉, 〈사례 4〉, 〈사례 5〉, 〈사례 6〉 아동 모두 게임을 많이 하면서도 중독이라고 자각하지 않았다. 다른 친구에 비해 오히려 게임을 더 해야 하는 마음이 생긴다고 하였다.

〈사례 5〉

면접자: "○○는 스스로 컴퓨터게임 중독이라고 느낀 적은 없었나요?"

아 동: "처음에는 제가 컴퓨터게임 중독이라고 못 느꼈어요. 엄마와 동생이 '게임 중독자', '컴퓨터광'이라고 했을 때 정말 제가 중독인 것을 느꼈어요. 제가 중독이

라고 느끼게 된 것은 컴퓨터게임을 더 많이 하려고 소변 보는 것을 억지로 참으면서 게임하고 라면, 햄버거, 과자 등을 컴퓨터 앞에서 먹다 매일 엄마에게 혼나서 제가 게임 중독인 것을 차츰 알게 되었어요."

〈사례 6〉

면접자: "본인이 자각하는 컴퓨터게임 중독 증세와 가족들이 느끼는 중독 증세는 무엇이었나요?"

아 동: "컴퓨터게임 중에는 밥이 있어도 안 먹고 하루 종일 굶기도 하고요. 일주일에 3일 정도는 컴퓨터게임 한다고 날을 새운 적도 있죠. 옆에 있던 가족들이 '광'이라고 했죠. 일주일에 세 번씩 밤샘을 하니까 코피 난 적도 있었어요. 그럴 때 제가 심하긴 심했나 싶었죠. 그리고 학교에서 컴퓨터게임 중독 진단 테스트를 했는데, 70점 이상이 나와서 제가 중독이구나, 좀 심하구나 하고 그때 깨달았어요. 또 고모가요. 전화비 내역서를 갖고 왔는데요. 전화비가 십만 원 이상 나온 거예요. 유료 게임을 하다 보니까 평소 전화보다 세 배 이상이나 많이 나온 거예요. 그때 제가 좀 심하였구나, 하고 생각했죠."

3) 컴퓨터게임 중독 극복에 대한 아동의 동기

〈사례 1〉, 〈사례 2〉 아동은 컴퓨터게임 중독 극복에 대한 아동의 개인적인 동기보다는 부모의 집중적인 관심에 의해 극복되었다. 〈사례 2〉 아동은 그냥 하기 싫다는 생각이 들어 안 한 적은 있으나 완전히 그만둘 생각은 없다고 하였으며 초등 6학년 이상 되어야 중독 극복에 대한 개인의 동기가 나타났다. 〈사례 4〉 아동은 컴퓨터게임 중독에 대한 개인의 동기는 나타나지 않았고, 겨울방학 때 컴퓨터가 바이러스에 걸린 후 부모가 고쳐 주지 않고 인터넷도 중지한 것이 계기가 되었으며 부모의 강압에 의하여 극복하게 되었다. 〈사례 5〉 아동은 컴퓨터게임 중독 증상으로 여러 가지 심리, 정서적 불안정, 신체적 이상, 가족 간의 갈등 현상이 발현되자 중독 극복 과정에서 부모의 집중적인 관심과 제지와 벌칙으로 혼나지 않으려고 이행함으로써 아동이 극복하게 된 계기가 되었다.

〈사례 5〉

면접자: "어떤 때 컴퓨터게임 중독에서 벗어나야겠다는 생각이 들었나요?"

아 동: "제 할 일을 못 해서 부모님께 혼날 때요. 숙제, 공부 같은 것을 제시간에 못 할 때요."

〈사례 6〉

면접자: "컴퓨터게임 중독을 극복하게 된 동기나 이유는 무엇인가요?"

아 동: "부모님이 하지 말라고 했고 전화 요금이 한 달에 십만 원 이상씩 많이 나가게 되었어요. 또 게임을 하다 보면 고모한테 들킬까 봐 불안해서 가슴이 조마조마해서 심장병 걸릴 것 같아요. 성적이 자꾸 떨어지니까 좋은 고등학교 가서 잘되느냐 못되느냐 하는데 공부 좀 하려고 그만두게 되었어요. 수학 성적이 40점~60점 사이에서 왔다 갔다 하여 평균을 다 깎아 먹었어요. 다른 과목은 70점 이상이 나오는데 수학, 음악이 60점이 안 돼요. 그래서 성적 올려서 좋은 고등학교 가려고 게임을 끊어 보려고 했어요."

면접자: "컴퓨터게임을 끊지 못하는 원인은 무엇인 것 같아요?"

아 동: "본인의 의지력이 약해서 그런 것 같아요. 고모가 없으면 컴퓨터 켜고 고모가 있으면 컴퓨터를 끄거든요. 또 현실 속에서는 싸움을 못해도 가상에서는 싸움을 잘하게 되니까 자기 만족감 때문에 게임을 못 끊는 것 같아요."

4) 컴퓨터게임 중독 극복에 대한 아동의 자각 증세

사례에서 살펴본 6명의 아동은 컴퓨터게임 중독 당시에는 밥도 안 먹고 게임을 하였고 아버지가 퇴근할 때까지 게임을 하였으며 하루 평균 게임시간은 4시간 이상이었다. 〈사례 1〉 아동은 컴퓨터게임 중독 당시에는 밥도 안 먹고 게임을 하였고, 자신이 게임을 많이 할 당시에 나타난 중독 증상들은 기억하고 있었으며 중독 극복 이후 달라진 행동도 자각하고 있었다. 중독 당시에는 게임을 많이 하여 토할 것 같았고 눈이 나빠졌고 수업 시간에 딴 생각을 하다가 혼난 적도 있었는데 극복 이후에는 토요일, 일요일에만 컴퓨터게임을 하니까 참고 기다릴 수 있다는 것에 중독 극복을 자각하였다. 〈사례 2〉 아동은 컴퓨터게임을 하기 이전에는 친구와 밖에서 잘 노는 성격이었고 밤 8시까지 친구 집에서 게임을 하지 않고 비디오 시청하기, 장난감도 가지고 놀고, 롤러블레이드를 타고 딱지(따조) 놀이를 하며 놀았다. 그러나 컴퓨터게임을 시작하고부터 집에서 혼자 있는 시간이 많아지고 친구들과 노는 시간이 없어졌고 혼자서 게임을 하면서 게임 속에서 친구를 만나고 있었다. 토요일에만 친구 집에서 6시까지 컴퓨터게임을 하며 놀았다. 또 컴퓨터게임 중독 당시에는 누나와 게임 때문에 많이 싸우고 많이 맞기도 했지만, 중독 극복 이후에는 게임보다는 워드 작업을 많이 하고 몸도 잘 씻고 아버지가 귀가하기 전에 숙제도 다 하고 밖에 나가 친구들과 놀고 게임을 많이 하지 않아 아버지한테 꾸중 듣는 일이 별로 없었다. 중독 당시에는 하루 평균 4~5시간 게임을 하였는데 중독 극복 이후에는 자기 할 일을 먼저 다 하고 게임을 한 시간 이상은 하지 않으며 아동이 중독 당시와 극복 후의 달라진 증상을 자각하고 있었다.

〈사례 4〉

면접자: "컴퓨터게임 중독 당시와 요즘의 놀이 형태는 어떻게 달라졌나요?"

아 동: "컴퓨터게임을 많이 할 때는 나 혼자 방에서 컴퓨터게임을 하면서 놀았는데 요즘은 친구들과 가끔 밖에 나가 축구도 하고 롤러블레이드도 타고 달리기도 하고 놀아요."

〈사례 5〉

면접자: "컴퓨터게임 중독 당시에 ○○의 성격은 어떠하였으며 어떤 때 컴퓨터게임 중독에서 극복한 것 같아요?"

아 동: "컴퓨터게임 중독 당시에는 친구들을 잘 사귀지 못했고 말이 없고 많은 사람들 앞에 나서기를 꺼려했고 발표를 많이 하지 않아 쑥스러워했고 컴퓨터게임을 할 때 심부름을 하기 싫어하고 성질이 급하였

어요. 그런데 중독 극복 이후 요즘의 성격은 그 반대가 되었어요. 발표도 잘하고 친구들과도 잘 어울려 놀고 밖에서 많이 뛰어 놀다 보니 성격이 활발해지고 선생님이 "○○가 예전보다 많이 까분다"고 할 정도로 명랑해졌어요. 그런데 심부름을 잘하지 않는 것은 아직 고쳐지지 않았어요. 또 중독 당시에는 어른을 만나도 대충 인사하고 상대방 말을 귀담아 듣지 않고 두세 번씩 말을 해야 대답을 했고 성질이 나빴어요. 이제는 그렇지 않아요."

면접자: "컴퓨터게임을 하기 전과 게임에 중독된 후의 행동 그리고 중독 극복 이후의 ○○의 행동에는 어떻게 달라졌나요?"

아　동: "컴퓨터게임을 하기 전에는 집에서 장난감이나 롤러블레이드, 자전거 타기, 밖에서 뛰어놀며 하는 놀이를 주로 하며 놀았고 또 제가 책을 많이 읽고 등산도 좋아해서 가족과의 나들이도 좋아했는데 게임에 중독된 이후부터는 밖에 나가기가 싫어지고 하루 종일 있어도 밖에 나가는 일이 없었어요. 그리고 중독된 이후는 몸도 잘 씻지 않고 매일 엄마한테 혼나고 맞고 벌 받고 동생과 싸우고 하는 게 다 게임 때문이었어요. 그런데 중독에서 극복하고부터는 엄마에게 칭찬도 많이 받고 인정을 더 받게 되었어요."

〈사례 6〉 아동은 컴퓨터게임 중독 당시에는 가족들의 눈을 피해 밤에 자는 척하고 몰래 일어나서 컴퓨터 모니터에 이불을 덮어씌우고 불빛이 새어 나가지 않게 하고 게임을 하였다. 일주일에 세 번씩 밤을 새웠고 코피까지 흘렸다. 학교에서 선생님께 자주 꾸중을 듣고 수업 중에 잠을 자고 수학 성적이 부진하여 평균성적이 내려가고 독서를 하지 않았다. 중독 극복 이후에는 고모가 사 준 『해리포터와 마법사의 돌』, 『생각쟁이』, 『과학쟁이』, 『단편소설 전집』 등을 읽었고 자신이 어떤 방법으로 중독에서 극복하게 되었는지 구체적으로 자각하고 있었다.

면접자: "○○이처럼 컴퓨터게임을 극복하려는 친구들을 위해 권해 주고 싶은 책이 있다면 무슨 책을 처음에 읽는 게 좋을까요?"

이 동: "『해리포터와 마빕사의 돌』이 컴퓨터 중독 극복하는 아이들에게 좋은 책이에요. 그 책을 읽으면 컴퓨터게임을 안 하게 돼요. 저도 처음에 그 책을 읽었는데 계속 시리즈로 다 읽었어요. 그다음에 『한국 단편 소설집』을 읽었고, 위인전을 읽으면 좋은 것 같아요. 중독에서 극복하려면 우선 다른 취미생활이

있어야 하니까 책을 읽고 독후감도 쓰면서 자기 자신을 반성하고 정리하다 보면 컴퓨터게임 중독에서 벗어날 수 있거든요."

5) 아동의 컴퓨터게임 중독 극복 방법

〈사례 1〉아동의 아버지는 게임 중독 극복 방법으로 초기에는 종아리와 엉덩이를 때리고 "컴퓨터를 팔아 버리든지 내버리든지 해야겠다." 하며 위협적인 말과 행동을 하기도 하였고 벌을 세우기도 하였다. 그래도 고쳐지지 않자 차츰 아이와 대화를 많이 하며 규칙을 정하고 토요일 날에만 컴퓨터를 사용하게 하였고 일요일에는 아버지와 PC방에 같이 가기로 하였으며 참는 것을 가르치기 위해 명상을 하루에 한 시간씩 시켰다.

아 동: "아빠가 컴퓨터를 부수면 될 것 같아요. 아빠가 컴퓨터를 고장 나게 하면 돼요. 아빠가 컴퓨터를 딴 아이한테 주는 거예요. 컴퓨터를 숨겨 버려요. 그리고 우리가 컴퓨터를 먹어 버리든지요. 큰 컴퓨터를 팔아서 작은 컴퓨터(노트북)를 사서 숨겨 놓으면 될 것 같아요."

면접자: "○○가 컴퓨터게임을 안 할 수 있는 방법은? 이렇게 해 주면 나는 컴퓨터게임 안 할 수 있어요, 하는

거 말야."

아 동: "공부를 잘할 때요. PC방에 매일 가면요. 생각이 높아지면요. 공부해서 말이에요. 아빠가 안 때리면 게임을 안 할 수 있어요. 지금도 안 하는데…. 지금은 토요일 날만 해요. 형아가 날 놀리지 않으면요. 형아가 놀리니까 화가 나서 게임 해요. 친구들이 공부 못한다고 놀리지 않으면 게임을 안 할 수 있어요."

〈사례 1〉 아동은 부모의 이혼으로 엄마와 떨어져 있어 애정결핍으로 인한 가족들의 사랑, 관심의 필요 등의 극복방법을 말하였는데 이는 자신의 환경적, 심리적인 면을 나타내었다. 〈사례 2〉 아동은 컴퓨터게임 중독 극복 방법을 일주일 동안 컴퓨터를 사용하지 못하게 하면 된다고 하였으며 〈사례 3〉 아동은 인터넷을 없애고, PC방을 없애고 인터넷을 정지시키고 마우스를 숨기고 자판기를 없애면 된다고 하였다. 〈사례 4〉 아동은 부모님이 과제를 내어 주고 시간을 정해 주고, 컴퓨터학원에 다니게 해서 타자 연습을 시키고, 바둑을 배우고, PC방이 없어야 하고, 인터넷을 중지시켜야 된다고 하였다.

〈사례 5〉 아동은 아이들에게 컴퓨터게임 시간과 공부할 학습 분량을 부모님이 정해 주고, 행동 목록 표를 만들어 벽에 붙여 놓고 보상을 실시하고, 부모님과 규칙을 정해 '일주일간 컴퓨터게임 안 하기 운동을 하고, 바둑, 운동, 독서, 등산 등에 취미를 갖게 하고, 아동 혼자 집에 오래 있게 하지 말고 가족과 함께 하는 시간을 많이 하고, 교회나 성당에 가서 사람들을 많이 만나고 신앙생활을 통해 자기 자신을 반성하게 해야 한다고 하였다. 〈사례 6〉 아동은 가족 간의 대화를 많이 하고 규칙을 함께 세운다고 하였다. 또한 독서, 운동 등 새로운 취미와 신앙생활을 하게 하며 중독에서 극복한 아동과 함께 수련회를 가서 중독 극복을 도와주도록 한다고 하였다.

〈사례 5〉

면접자: "○○에게 가장 좋았던 게임 중독 극복방법은 무엇이었나요?"

아 동 : "효성 아파트 달리기와 바둑, 그리고 독서였어요."

초등 6학년 3명의 아동 중 게임 경력이 가장 많고 게임 중독 극복 과정이 가장 길었던 〈사례 5〉 아동에게서 가장 다양한 극복 방법이 나왔다. 또한 〈사례 1〉 아동은 부모의 이혼으로 엄마와 떨어져 있어 애정결핍으로 사랑, 주위의 관심이 필요한 자신의 환경적인 면, 심리적인 면이 많이 나타나는 대답을 하였다.

〈사례 6〉

면접자: "컴퓨터게임 중독을 극복하려면 어떤 방법이 있을까요?"

아 동: "'무조건 하지 마라'가 아니고 대화가 중요해요. 자녀의 의견을 존중해 가면서 점점 게임시간을 줄여요. 그래도 안 들으면 '뭐를 하면 해 주겠다.' 하고 약속을 정해서 조건을 내세워 하라고 시키고 게임하는 날짜를 정해 줘요. 일요일에만 하도록 하는 거예요. 그리고 무엇보다 부모님이 자녀에게 관심을 갖고 대화를 많이 하는 거예요. 또 아이에게 독서나 운동, 새로운 취미를 갖게 하고 인터넷에서 게임 중독을 극복한 친구들끼리 모임을 만들어 수련회를 가요. 가서 중독 중에 있는 친구에게 게임 이야기를 안 하기로 하고 같이 도우면서 극복하도록 하는 거예요."

면접자: "○○에게 가장 좋았던 중독 극복 방법은 무엇이었나요?"

아 동: "저는 책 보는 거와 운동이었어요."

▲ 물수제비뜨는 아이들

2. 부모가 지각하는 컴퓨터게임 중독의 자각 증세와 극복 과정은 어떠한가?

1) 아동의 컴퓨터게임 과다사용 계기

〈사례 1〉 아동은 7세 정도에 게임을 하기 시작하였으며 형이 하는 것을 보고 호기심에 무료하고 재미있고, 친구와 게임에서 싸워 이기고 싶은 승부욕 때문에 시작하게 되었다. 〈사례 2〉 아동은 6세 때 친척에게서 중고 컴퓨터를 받아 시작하게 되었다. 방과 후 집에 혼자 있게 되어 무료하고, 게임이 재미있고, 인터넷 설치 후 인터넷에 온라인 게임이 많아서 게임을 시작하게 되었다.

현재 중독 중에 있는 〈사례 3〉 아동은 4학년 2학기 때 처음으로 PC방에서 게임을 하게 되었는데 집에 컴퓨터를 들여오면서 게임을 본격적으로 시작하게 되었다. 친구들이 다 하니까 재미있으니까 시작하게 되었다. 〈사례 4〉 아동은 초등학교 3학년 때 컴퓨터를 사면서 게임을 시작하였고 계기는 '그냥 재미있으니까', '친구들이 다 게임을 하는데 자기도 할 줄 알아야 같이 어울릴 수 있기 때문에' 하게 되었다. 〈사례 5〉 아동은 5세 때부터 컴퓨터게임을 시작하였으며 재미있을 것 같아서 하게 되었는데 해 보니까 재미도 있고 성취감도 느껴져서 게임을 시작하게 되었다. 〈사례 6〉 아동은 초등학교 6학년 중순경 컴퓨터를 처음 접하게 되었고 집에 있는 컴퓨터에는 게임이 없어 처음에는 컴퓨터를 다룰 줄을 몰라 많이 하지 않았는데 집 근처에 PC방이 생겨서 본격적으로 게임을 하게 된 계기가 되었다.

〈사례 4〉

모: "…게임에 있어서는 레벨을 올리니까 승부욕이 있어서 애들끼리 하다 보면 그걸로 인해서 더 하게 되는 것 같아요. 누구는 어디까지 올라갔으니까 서로들 인정해 주고 그러는가 보더라구요. 그런 얘기를 듣고 온라인게임을 돈을 주고 직접 사기도 하나 봐요."

〈사례 6〉

고 모 : "…중학교에 입학하니 학교에 컴퓨터를 사들이잖아요. 전체적으로 많이 사들였어요. 그러면서 무방비 상태로 넣고 하다 보니 아이들에게 자료 검색하는 것부터 가르치는 교육용이 아니라 게임부터 하고 그러다 보니 컴퓨터게임을 더 하게 된 것 같아요."

2) 아동의 컴퓨터게임 중독에 대한 부모의 자각 증세

〈사례 1〉 아동의 아버지는 아이가 1학년 입학 후 계속 준비물도 잘 챙기지 못하고 퇴근하여 귀가할 때까지 학교 숙제와 일기 등 아이가 할 일은 전혀 하지 않고 집 안을 어질러 놓고 게임을 하였다.

밤 열두 시까지 집안 청소, 아이들 숙제, 설거지, 빨래 등을 하며 아버지의 할 일이 예전보다 많아지고 아이들이 자기관리를 잘하지 못하는 행동이 가시화될 때에 비로소 아이가 게임에 중독된 것을 자각하였다.

〈사례 1〉

면접자: "자녀의 컴퓨터게임 중독 실태는 어떠하였나요?"

부   : "우선 자기 할 일을 제 시간에 하지 않고 공부는 뒷전이고, 오락부터 하고 공부에 흥미가 없어 학업성적이 부진하였어요. 컴퓨터 앞에서 게임하며 음식을 먹느라 컴퓨터 주변이 항상 지저분하였고 몸을 잘 씻지 않고 이 닦기도 잘 안 하고 자기 방 청소도 안 하고 온 집 안을 어지르고 아이가 지저분해지고 게을러졌어요. 그리고 공부를 점점 하기 싫어하고 밤 열두 시까지 게임을 하느라 늦게 자니 아침에 늦잠 잔다고 못 일어나죠. 밥도 제시간에 못 먹죠. 밥을 먹는 양이 적어지고 눈도 나빠졌죠. 행동이 제일 문제였고 학업성적 부진이 제일 심각하였어요."

부   : " … 1학년 입학하고부터 아이가 계속 준비물도 잘 못 챙기고 제가 퇴근하고 와도 그때까지 컴퓨터게임을 하고 학교 숙제는 하나도 하지 않고 일기도 안

쓰고 씻지도 않고 그냥 컴퓨터게임만 하고 있는 겁니다. 아침에도 늦잠 자고 일어나지도 못 하고 제가 퇴근하면 제가 할 일이 태산같이 밀려 있는 겁니다. 청소도 해야 되고 숙제도 봐 줘야 되고 빨래며 설거지며 집에 어머니가 같이 계시지만… 컴퓨터게임에 중독된 이후부터 집 안이 온통 어질러져 있고 숙제도 안 하고 제 할 일이 너무나 많아 제가 힘드니까 아이가 게임에 중독된 줄 알게 되었죠."

〈사례 2〉

가족들이 모두 밥을 먹을 때 아동은 밥을 먹지 않았고 게임 때문에 굶는 일이 다반사였으며, 게임 도중에 게임을 중지시키면 자기 성질을 못 이겨 아버지와 할머니, 누나한테 소리를 지르고 반항을 하였다. 그래도 못 하게 하면 심각한 상처를 입은 양 자기 방에 들어가서 나오지도 않고, 그래서 가여워서 게임을 다시 하게 하면 밤을 새우는 일이 많았다. 아이의 일상은 게임이 전부였고, 예전과는 다르게 가족과 어울리기보다 게임 속에서 혼자 고립된 생활을 점점 더 원하였으며 성격이 즉흥적, 신경질적, 폭력적인 행동의 변화를 통해 아동의 아버지는 아이가 게임에 중독이 된 것을 자각하게 되었다.

부 : "친구들이 놀러 와도 밖에서 노는 것이 아니라 컴퓨터 게임 놀이를 하였어요. 공부와 숙제도 않고 밥 먹으라고 해도 "조금만요, 조금만요" 하면서 게임에 빠져들었어요. 밤늦게까지 오락만 하고 매일같이 늦잠을 자고 수시로 누나와 싸운다는 전화를 딸과 아들놈이 핸드폰을 해 대는 것이었어요…. 너무 게임에 빠지는 것 같아 한 달에 한두 번씩 시골에 아이들한테 가서 매를 대거나 벌을 주면 반항인지 저항인지 성질을 내고 소리를 지르며 거부를 하는 거예요. 그래서 시골에 갈 때 E-마트에 가서 게임 CD를 사 주면 삼 일이면 그 게임을 다 끝내는 겁니다. 그러면 다른 CD를 사 달라고 또 졸라 대며 저를 보채었죠…. 한번 게임을 시작하면 몇 시간이고 컴퓨터 책상 앞에 앉아 있었어요. 어떤 때는 밥을 컴퓨터 책상 앞에서 게임을 하면서 먹고 그랬죠. 자면서 게임 하는 꿈을 꾸는 모습을 본 적도 있었고요. 아이는 마치 자기가 게임 속의 수인공저럼 행농을 하였답니다."

이 밖에도 〈사례 2〉 아동은 아버지가 PC방에 못 다니게 하자 할머니의 주머니에 손을 대고 거짓말하는 횟수가 많아졌고 장기간 컴퓨터 사용을 중지시키면 눈을 계속 깜빡거리는 틱장애 현상까지 나타났다. 유료게임을 신청해 달라고 자주 아버지를 보채었고, 밤

새워 게임을 한 적도 자주 있었으며 중학교 1학년인 누나는 동생이 밤 열두 시까지 컴퓨터를 독차지하자 밤 열두 시 이후부터 새벽세 시까지 거의 매일 컴퓨터게임을 하였으며, 동생의 중독으로 인하여 누나까지 중독이 되었다.

〈사례 3〉
아동은 컴퓨터게임 사용 이전보다 엄마와 많이 싸우고 말대꾸도 늘었으며 신경질적으로 변하고 말끝마다 '짜증 나, 짜증 나' 하며 컴퓨터에다 대고 욕을 하고 친구들끼리 욕도 잘하였다. 채팅하면서 친구들끼리 은어를 많이 쓰고 부모가 강제로 컴퓨터 코드를 빼면 다른 일을 자발적으로 할 줄은 모르고 대낮에 잠을 자려고 하였다. 원래 내성적이라 말수가 적은 아이였는데 컴퓨터게임을 과다 사용 하고 난 이후부터 전화가 와도 말할 줄도 모르고 전화기를 그냥 귀에 갖다 대기만 하고 그 와중에도 컴퓨터게임 자판기를 두드리고 상대방 혼자 말하는 도중에 일방적으로 끊어 버리는 등 대인기피 현상도 나타났다. 아이는 오로지 게임 속에서 생활하는 것이 일과의 전부였다. 컴퓨터게임을 학원에 가기 몇 초 전까지 하였고 영어단어는 하루에 1개씩 인색하게 외웠으며 컴퓨터 사용을 금지하자 눈을 자주 깜빡거리는 틱장애 현상과 선택적 함묵증까지 나타났다. 친척 집에 1박 2일로 놀러 갔을 때는 게임을 하지 못해 작은어머니가 운영하는 식당에 만두를 으깨어 부수고 문지르며 소리를 치기도 하였다. 게임 때문에 밥을 먹지 않는 날이 많고, 아동의 성격이나 행동이 예전보다 더 심각해지고 이러한 여러 가지 중독 증상이 발현될 때 아동의 어머니는 아이가 중독에 빠졌다는 것을 자각하게 되었다.

면접자: "부모님이 느끼는 자녀의 컴퓨터게임 후 나빠진 것은 무엇인가요?"

모 : "장시간 의자에 구부정하게 앉아 있으니까 자세가 안 좋아져서 하체가 부실하고 허리가 굽었죠. 눈도 나빠지고 컴퓨터게임 하기 이전에는 안경을 안 썼는데 시력이 0.5/0.6으로 나빠져서 칠판 글씨도 안 보인답니다. … 자는 시간은 매일같이 컴퓨터게임 하느라 11:30분이나 밤 열두 시가 되어서 자고 아침 8시에 일어나죠. … 영어 단어는 하루에 한 개씩 인색하게 외우면서 오로지 게임이에요. 책은 읽는 일이 없어요. 게임 CD는 가방에 넣어 다니며 **친구랑 바꾸기도 하데요.** … 밤에 자라고 해도 살금살금 일어나 어른 모르게 게임을 하기도 해요. 게임 때문에 글씨도 잘 안 쓰고 숙제도 건성건성 하고 숙제는 뒷전이고 학교 갔다 오자마자 컴퓨터게임부터 해요. … 또 컴퓨터를 못 하게 했더니 눈을 자주 깜빡거리

며 틱장애인지 이상한 증상이 나타났어요."

〈사례 4〉

아동은 부모 몰래 밤에 자는 척하며 부모님이 주무실 때까지 기다린 후 다시 일어나 게임을 새벽 두세 시까지 하면서도 자기가 중독이라고 자각하지 않았다. 아동의 어머니는 아동이 돈만 있으면 친구와 어울려 수시로 용돈을 가지고 PC방에 다니고 어떤 때는 돈이 없어도 PC방에 다닐 때 아이의 중독을 자각하였다.

모 : "…아이는 '엄마, 천 원만' 하며 수시로 돈 달라고 보채었죠. 게임을 많이 할 때는 새벽 두 시, 세 시까지도 하는 거예요. 그뿐이 아니에요. 엄마, 아빠 잘 때까지 기다렸다가 자는 척하고 자기 방에서 몰래 일어나 게임을 하고 들키면 자는 척했죠. 거짓말도 하였어요."

면접자: "자녀가 컴퓨터게임 중독 때문에 나빠진 중독실태는 무엇인가요?"

모 : "많죠. 책상에 발을 올리고 누워서 컴퓨터게임 하느라 자세가 나빠졌죠. 하루 종일 컴퓨터 앞에 있으니 움직임이 적어졌죠. '조금만요, 조금만요' 하면서 중지하지 못하고 그만하라고 혼내면 잘 삐치고 자기

방에 문을 '쾅' 닫고 들어가서는 나오지도 않죠. 동생이 게임 좀 하자고 하면 뭐라고 하며 때리고 받고 하며 잘 싸웠죠. 아침에 늦잠 자서 못 일어났죠. 형이 게임만 하니 작은아이까지 한동안 컴퓨터게임 중독에 빠진 적이 있었어요. 6살 된 작은애도 아침에 같이 못 일어났죠."

〈사례 5〉

아동은 아침에 일어나자마자 컴퓨터게임을 시작하고 하교 후 귀가하면 곧바로 컴퓨터게임부터 하기 시작하였으며 부모님이 퇴근하는 시간까지 하루 평균 4시간 이상 게임에 빠져 있었다. 가족들의 외출이나 여행 시에는 집에 혼자 남아서 게임을 더 하고 싶어 했고, 휴일이나 주말에는 하루 종일 밖에 나가지 않고 컴퓨터게임만 하였으며 친척이나 친구들이 놀러 와도 놀이가 컴퓨터게임이었다. 컴퓨터게임을 하면서 음식을 자주 먹었으며 그로 인해 컴퓨터가 자주 고장이 났고 매일같이 밤 12시 이후에 자게 되어 늦잠을 자고 아침밥을 못 먹고 등교하는 날이 많았다. 음식 먹는 양이 적어지고, 운동 부족으로 몸이 허약해지고 성장 부진으로 동생보다 더 작아지게 되었고, 수업시간에 시험이나 수학 문제를 풀 때 덤벙거리며 식은 쓰고 답은 빠뜨리는 등 실수를 자주 하였다. 성격이 급해지고 신경질적, 폭력적으로 변하고 인내심도 부족해졌고 부모님의 말을 귀담아 듣지 않아 엉뚱한 소리를 하고 의사소통에도 문제가 생기게 되자 부모는 아동의 컴퓨터 중독을 자각하게 되었다.

    면접자: "자녀가 컴퓨터게임에 중독되었을 때 행동과 중독
             실태는 어떠하였는가?"
    모   : "중독실태 너무나 많았죠. 우선 아침에 눈뜨자마자
             컴퓨터부터 켜기 시작하구요. 학교 갔다 오자마자
             컴퓨터에 대고 인사를 합니다. 가족들끼리 외출이나
             어디 여행가면 꼭 안 가겠다며 혼자 집에서 게임 하
             겠다 해요. 결국 가긴 가지만 정말 짜증 나서 안 데
             리고 다닌 적도 있어요. 일요일이나 공휴일 날은 아
             침부터 저녁까지 방에 콕 박혀 컴퓨터게임만 하는
             겁니다. 밖에 나가는 걸 못 봐요. 눈도 뻑뻑하다고
             하고 눈물이 안 나온다며 안구건조증까지 생기더니
             나중에는 틱장애까지 오더라구요."

그 외의 중독 증상은 4학년 겨울방학 때와 5학년 여름방학 때 열흘 정도 대구 외할머니 집에 갈 때 컴퓨터를 차에 싣고 가자고 했다. 아동의 어머니는 외가에 컴퓨터가 없고 놀 친구도 없어 결국 갖고 가긴 했지만 아이는 스스로 놀 거리를 찾지 못했고 외가에 가

서 산드레아 조명등과 재봉틀도 망가뜨렸다. 그 외에 게임 CD를 항상 책가방 속에 넣어 다니며 친구들과 바꿔 사용하였고, 학원 수강을 거부하였으며 용돈을 모두 게임 CD 사는 데에 썼다. PC방에 못 가게 하자 거짓말을 하며 오락실에 다녔고 정해진 시간보다 늦게 귀가하였다.

〈사례 6〉

면접자: "조카의 컴퓨터게임 중독 실태는 어떠하였나요?"

고 모: "밥을 안 먹고는 못 사는 애인데 컴퓨터게임을 할 때는 옆에서 밥을 먹고 있어도 밥을 안 먹고 굶으면서 게임을 했어요. 또 제가 일 나갔다 오면 그때까지 컴퓨터 앞에 앉아 있고 동생과 컴퓨터게임 때문에 매일같이 싸우고 제가 잘 때까지 기다렸다가 몰래 일어나 자기 방에서 컴퓨터게임을 하며 밤을 새운 적도 있죠. 몇 번이나 들켰어요. 또 밤샘을 하며 컴퓨터게임을 하니까 학교싱직이 떨어졌죠. 가족들이 어디 외식이나 외출할 때 같이 가자고 하면 안 나가겠다고 버티며 혼자 집에 남아서 컴퓨터게임만 하고 싶다고 하고 제 눈을 피해 가며 컴퓨터게임을 했죠."

3) 컴퓨터게임 중독 극복에 대한 부모의 동기

아동의 부, 모, 고모는 아동이 컴퓨터게임 사용 이전보다 성격이 신경질적, 폭력적, 충동적으로 변하여 통제하기가 힘들었다. 여러 가지 문제 행동들이 가시화되고 자기 관리를 할 수 없어서 부, 모, 고모 자신들의 할 일이 이전보다 훨씬 많아지고 아동과 자주 싸우게 되어 가족 간의 갈등이 많아질 때 중독 극복동기가 생기게 되었다.

〈사례 1〉

면접자: "자녀의 컴퓨터게임 중독 극복에 대한 부모님의 동기는 무엇이었나요?"

부 : "퇴근하고 집에 오면 좀 쉬어야 하는데 아이들이 그때까지 자기 할 일은 하지 않고 컴퓨터게임만 하고 있으니 9시 이후부터 제가 아이들 숙제와 씻는 것, 청소, 설거지 모두를 해야 하니 밤 열 한 시가 넘어야 제 할 일이 끝이 나는 겁니다. 그러니 제가 얼마나 피곤합니까? 처음에는 어머니와 같이 안 살았거든요. 작년부터 어머니 집에서 같이 사는데 그동안 제가 아이들을 너무 자유롭게 키워 온 것 같아 저녁마다 제가 피곤해서 견딜 수가 없었어요. 그래서 '아이의 컴퓨터게임 중독을 극복시켜야겠다.'는 생각을 하게 되었죠…."

〈사례 2〉 아동 아버지의 동기는 여러 가지가 있었다. 아동이 할머니 말을 듣지 않고 성질을 부리며 대들고 성격이 난폭해지면서 혼자 집에 있고 싶어 하며 성격이 변하였고, 거짓말하며 PC방에 다니고 할머니 주머니에 손도 대고 욕을 잘 하고 나쁜 행동을 많이 하였다. 무엇보다 아이가 누나와 매일같이 싸우고 성격이 난폭해지면서 혼자 게임 속에서 고립된 생활을 원하며 아이의 성격이 변하였기 때문에 중독 극복을 결심하게 되었다.

〈사례 2〉

부 : "거짓말하며 PC방 들락거리고 할머니 주머니에 손도 대고 욕도 잘 하는 것을 보고 이렇게 놔두었다가는 아이를 버릴 것 같았어요. 자식을 사랑하다 보니 믿다 보니 내 자식이 잘못되어 가고 있음을 그동안 감지하지 못했어요. 그래서 아이를 중독에서 극복시켜야겠다고 마음을 먹었죠."

〈사례 4〉 아동의 모는 아동이 책상에 발을 올려놓고 게임을 하느라 자세가 나빠지고 '조금만요, 조금만요' 하면서 중지하지 못하고 그만하라고 야단치면 문을 '쾅' 닫고 들어가서 나오지 않았다. 밤늦게까지 게임을 하느라 아침마다 늦잠을 자고 6세 된 동생까지 컴퓨터게임 중독이 되어 아침마다 못 일어나서 중독 극복을 결심하게 되었다.

〈사례 5〉 아동의 모는 퇴근 후 집에 오면 집 안이 어질러져 있고 밤늦게까지 아이들 숙제와 과제물을 돌보느라 가사노동이 힘들었다. 아동의 행동이 게임 중독 이전보다 신경질적이고, 인내심도 부족하고 성격도 급하고 폭력적으로 변하였다. 거짓말을 하며 오락실에 다니고 예전에 좋아하던 독서도 소홀히 하고 이전과는 다른 여러 가지 문제 행동을 보여 극복하게 된 동기가 되었다.

〈사례 6〉

면접자: "조카의 컴퓨터게임 중독 극복에 대한 고모의 동기는 무엇이었나요?"

고　모: "우리 집에 데리고 온 목적이 공부시키려고 데리고 왔거든요. 엄마 아버지 밑에서는 제대로 공부를 할 수 있는 환경이 못 되니까. 애가 장손이라 공부를 시켜야겠다고 한 목적이 있었는데, 예전에는 TV만 보느라고 공부를 안 했고 이제 컴퓨터게임 때문에 책을 안 보고 하니까, 학교 성적도 떨어지고 그래서 야단도 많이 먹었어요. 시골이라 아이들이 치열하게 경쟁을 하며 공부를 하지 않거든요. 그런데 컴퓨터 때문에 성적이 자꾸 떨어지니까 안 되겠다 싶어 극복을 시키려고 한 계기가 된 거죠."

4) 아동의 컴퓨터게임 중독 극복에 대한 부모의 자각 증세

아동의 부, 모, 고모는 아동이 컴퓨터게임 이전에 하던 여러 가지 문제 행동들이 게임 중독 극복 이후에는 나타나지 않고 컴퓨터 사용을 중지시켜도 참고 기다릴 줄 알고 동생과 싸우지 않고 가족 간의 갈등이 적어져서 중독 극복을 자각하게 되었다. 게임보다는 워드 작성이나 한컴 타자 치기 연습을 많이 하였고, 혼자 놀기보다는 가족과 함께 친구와 동생과 함께 놀고 집 안에서 놀기보다는 밖에서 활동적으로 놀며 신앙생활을 하며 독서에 관심을 갖고 건전한 쪽으로 놀기 때문에 중독 극복을 자각하게 되었다. 컴퓨터게임 중독 당시에는 하루 평균 4시간 이상 게임을 하였으며 친구들과도 놀지 않고 하루 종일 방 안에서 혼자 게임만 하고 지냈는데 중독 극복 이후에는 게임 시간도 하루에 한 시간을 넘기지 않는다. 놀이형태도 중독 당시와는 다르게 중독 이전처럼 친구들과 가끔 축구도 하고 롤러블레이드도 타고 달리기도 하며 자신의 행동이 달라진 것을 보고 중독에서 극복한 것이라고 아동의 어머니와 아동은 자각하였다.

⟨사례 4⟩

모 : "…많이 하고 싶을 때 '조금만 더 할게요.' 하고 끄지도 않고 소리 지르고 문을 '쾅' 닫고 자기 방에 들어가서 삐지고 안 나오죠. 동생이 뭐라고 하면 시비 걸고 울리고

폭력적으로 변하죠. 수학시험 칠 때 문제를 제대로 읽지 않아 다 틀리고 20점을 받아 오죠. 한두 가지가 아니죠. … 안 씻기 때문에 지저분해지죠. 매일같이 저랑 싸우니까 집 안이 시끄럽죠. 정말 컴퓨터 고장 난 것이 잘 되었다 싶을 정도로 아이에게 나쁜 행동이 많았어요."

〈사례 5〉

모 : "컴퓨터게임 중독 당시에는 자기 할 일을 스스로 하는 일이 없었어요. 자발성이 없어진 거죠. 게임하는 것 외에는 자발적으로 하는 게 없었어요…. 자기 방 청소도 할 줄 모르고 할 생각 자체도 안 했어요. 그런데 중독 극복 후인 요즘에는 그 당시와 행동이 눈에 띄게 달라졌다는 거죠. 아침마다 깨우지 않아도 자발적으로 시간 되면 일어나죠. 집 근처 약수터에 물도 떠 오고 가족끼리 외출을 해도 이제는 안 간다고 안 하고 잘 따라나서죠."

아동의 어머니는 아동이 중독 당시에 보였던 문제 행동들이 없어지고 정상적인 생활로 돌아와 적응을 잘하고 컴퓨터게임을 일주일씩 금지시켜도 금단 증상도 나타나지 않고 아이의 성격이 느긋해지고 활발해지니까 정서적인 면과 성격적인 면에서 중독 극복을 자각하였다.

5) 부모가 지각하는 아동의 컴퓨터게임 중독 극복 방법

중독 극복 방법은 개인적인 환경에 따라 다르게 나타났고 공통적인 극복 방법은 다음과 같다.

6명 아동의 부 또는 모, 고모는 초기에는 위협, 체벌로 아동을 지도하였다. 그래도 고쳐지지 않자 차츰 아동을 구슬리고 달래며 대화를 한 방법이 〈사례 6〉이었다. 그리고 아동과 부모가 규칙을 세워 보상을 실시한 것이 4명이었다(사례 1, 사례 4, 사례 5, 사례 6). 아동에게 함께 집안일을 분담시키고 벌칙으로 집안 청소를 시킨 것이 2명 있었으며 아동이 정한 규칙을 잘 이행하면 주말에 PC방에 가게 해 주거나 아버지와 함께 PC방에 간다고 한 방법이 2명 있었다. 규칙 위반 시 아동이 제일 좋아하는 게임을 아동의 손으로 직접 지우게 하고 규칙 이행을 잘하면 게임을 다시 깔아 주고 아동이 좋아하는 게임 CD를 사 주는 방법도 3명 있었다. 컴퓨터 학원이나 집에서 컴퓨터 교육을 시켜 워느 삭성법과 한컴타자 지기를 시켜 아동에게 반전의 효과를 보도록 한 방법, 부모와 함께 약수터에 가거나 등산을 하고 가족끼리 함께 성당이나 교회에 나가게 해서 신앙생활을 하고 가급적 사람을 많이 만나도록 지도한 예가(사례 1, 사례 4, 사례 5, 사례 6) 4명이었다.

여러 가지 방법으로 아동의 부모들은 시행착오를 거치면서 건전

한 교육방법을 터득하였으며 위협, 체벌보다는 가족이 모두 함께 하는 시간을 많이 만들고, 아버지가 자녀 교육에 관심을 갖고 함께 참여할 때 아동은 컴퓨터게임 중독에서 극복할 수 있다는 것을 알 수 있었다.

〈사례 2〉

부 : "… 몽둥이로 50대 때리는 것부터 내 성질을 못 참아서 … 때렸습니다. … 그래서 제가 아이들을 못 돌보니까 학원을 여러 군데 보냈어요. 아이가 바빠 어쩔 줄 모를 정도로요. … 그리고 제가 시골 갔다 오면서 숙제를 잔뜩 내어 주죠. 그리고 아이를 구슬려서 살살 달래기도 했죠. '네가 컴퓨터게임은 정말 잘한다. 그러나 컴퓨터는 게임만 할 수 있는 기능이 아니라 다양한 기능이 있다. 그것을 잘할 수 있어야 컴퓨터를 잘할 수 있는 것이다.' 하고 가르친 뒤 컴퓨터학원에 다니기로 아이와 서로 의견일치를 보고 컴퓨터학원에 보냈어요."

아동의 아버지는 일찍 퇴근해서 아이들의 숙제를 점검하고 약속을 이행하지 않으면 가차 없이 회초리를 대더라도 규칙을 끝까지 이행하였다.

〈사례 4〉

모 : "…'PC방에 가고 싶으면 엄마가 보내 주겠다. 대신 네가 할 일을 다 하고 스스로 잘하면 보내 주겠다.' 하며 약속을 정했죠. 그러면서 아이의 산만한 성격을 좀 고쳐 주려고 바둑도 가르쳐 주었죠. 그러다가 아이한테 컴퓨터학원에 다니기로 하고 피아노학원도 보내었죠…. 아이가 약속을 이행하면 토요일 날 한 시간 정도 PC방에 보내 주었죠."

아동의 아버지는 아이를 데리고 계곡에 가서 고기 잡는 법도 가르쳐 주고 아이가 방학 때가 되면 같이 영화를 5, 6편씩 보기도 하였다. 초기에는 회초리로 손바닥과 엉덩이를 때리며 큰소리도 질러 보았지만 듣지 않아 나중에는 아이를 구슬리며 수시로 아이와 함께 대화를 많이 하였다.

〈사례 5〉

5세부터 컴퓨터게임을 시작하여 게임 경력이 8년이라 중독 정도가 심하였고 극복 기간도 6개월 이상 걸렸다. 부모의 지도 방법은 다음과 같다.

① 거짓말하여 들켰을 때 벌칙으로 '나는 거짓말쟁이다.'라는 내

용의 반성문을 작성하게 한 후 거울 앞에서 큰 소리로 백 번 낭독시켰다.

② 아동에게 고쳐야 할 사항을 미리 말해 주고 규칙을 정한 후 세 번의 기회는 주되 그 후에 위반 시에는 끝까지 일관성 있게 이행하였다.

③ 밤 열 시 이전에 자지 않으면 '성장호르몬'에 관한 신문기사를 오려 아이에게 크게 백 번을 읽게 하였으며 사극 '왕건'이 방송되는 토, 일요일 날은 제외했다.

④ 규칙 위반 시에는 아동이 좋아하는 게임 몇 가지를 아동의 손으로 직접 지우게 하고, 규칙이행을 잘하면 아이가 좋아하는 게임을 깔아 주며 보상을 실시하였다.

⑤ 아동이 규칙을 위반하였을 때에는 '참선'을 두 시간 시켰고 '일주일간 컴퓨터 사용 금지'를 했으며 이 기간에 또 위반하면 '사용 금지'를 연장하였다.

⑥ 규칙 위반 시에 집 앞 아파트를 10~30바퀴씩, 차츰 강도를 더해 가며 5개월간 매일 달리기를 시켰으며 매일 1시간 이상 밖에 나가서 놀도록 하였다.

⑦ 아동이 심부름을 할 때에는 꼭 영수증을 받아 오게 하였고, 친구 집에 놀러 갈 때는 전화번호를 적어 놓고 가게 하였고, 행동 목록표를 만들어 벽에 붙여 놓고 하루의 일과표를 작성하게 하고 매일 체크를 하였다.

⑧ 아동의 행동이 어느 정도 고쳐지면 아동에게 워드 작성하는 것과 한글 타자 연습을 집에서 가르쳤고 매일 위인전을 펴 놓고 타자 수 올리기를 시켰다.

⑨ 아버지가 일찍 퇴근하여 아동에게 바둑, 중국어도 가르쳐 주었고 매일 숙제와 과제를 점검하고 아이와 대화를 많이 하였다.

⑩ 아버지가 아동과 함께 등산, 약수터에 가고 일요일에는 가족과 함께 성당에 다니며 아이가 좋아하는 독서, 운동에 관심을 갖게 하였다.

▲ 오늘은 우리도 아빠만큼 잡아 보자고

5장.

사례 연구 결과

본 연구는 초등학생의 컴퓨터게임 중독 극복 방안을 탐색하기 위해 컴퓨터게임 중독에서 벗어났다고 보고한 아동들의 사례 중심으로 아동이 컴퓨터게임을 과다 사용하게 한 요인, 컴퓨터게임 중독의 자각 증세 및 중독 극복 과정에 대하여 분석하여 보았다.

이를 위해 본 연구에서는 첫째, 아동이 컴퓨터게임을 시작한 시기와 계기, 둘째, 아동이 생각하는 컴퓨터게임 중독의 개념과 아동과 부모가 지각하는 컴퓨터게임 중독의 자각 증세, 셋째, 컴퓨터게임 중독 극복에 대한 아동과 부모 개인의 동기, 넷째, 컴퓨터게임 중독 극복에 대한 아동과 부모의 자각 증세, 다섯째, 아동과 부모가 지각하는 컴퓨터게임 중독 극복 방법의 다섯 가지로 연구 목적을 설정하였다.

본 연구는 2002년 2월 1일부터 2002년 3월 31일까지 두 달간 이루어졌으며 조사대상을 컴퓨터게임 중독에서 벗어났다고 보고된 아동을 소개받아 중독 여부에 대한 면담을 실시하여 컴퓨터게임 중독자로 나타난 아동 6명과 그들의 부, 모, 또는 고모를 대상으로 하였다.

본 연구의 결과를 요약하고 논의하면 다음과 같다.

첫째, 아동이 컴퓨터게임을 시작한 시기는 5세에서 15세에 이르기까지 특정 연령이 없이 다양하였다. 게임을 시작한 계기는 성격이나 또래 친구 관계로 인한 개인적 요인, 부모의 이혼, 맞벌이 부부 증가로 인한 자녀의 방임 및 가족 간의 대화 부족, 무관심, 가족의 응집력 결여로 인한 가정 환경적 요인, 컴퓨터의 대중화로 인한 컴퓨터 접근의 용이성과 미성년자의 PC방의 출입에 따른 사회환경적 요인으로 나타났다.

이는 인터넷의 중독적 사용에 미칠 수 있는 잠재적 요인으로 높은 감각 추구 성향과 낮은 자존감이라고 한 Saling(2000)과 이정화(2001)의 연구와 일치한다. 또한 인터넷 중독자의 상당수가 만성적인 낮은 자존감을 경험하였다고 보고한 Young(1999)의 연구와 성격적으로 소심하거나 수줍음이 많아 남 앞에 나서기 어려운 아동이 인터넷 중독에 빠질 가능성이 높다고 한 황상민·한규석(2000)의 선행연구와 일치한다. 즉, 소심하거나 수줍음이 많은 아동과 낮은 자존감을 가진 아동은 거절에 대한 두려움과 자신감 부족 등으로 남 앞에 나서기 싫어하게 되고 현실 세계에서 충족하지 못한 자신감을 가상공간에서 게임을 통해 찾기 때문에 게임 중독에 빠지기 쉬운 것으로 해석된다.

한편, 사기통세력과 내인관세 효능감 및 가족의 응집성이 컴퓨터게임의 중독적 사용에 영향을 주는 요인으로 나타났다. 이는 대인관계 효능감이 높을수록 인터넷 중독 사용 경향은 낮으며, 현실생활에서 개인적 자기효능감과 대인관계가 낮을수록 중독적 사용이 높다고 한 송원영(1999)의 연구와 부모와의 의사소통이 원활하지 않을수록 인터넷 중독에 빠질 가능성이 높다고 한 사회정신건강연구소(2000)의 연구와 일치한다. 또한 가정으로부터 소외되는 느낌을 받을 때 소외감을 달래기 위해 게임에 몰두하는 경향을 보인다고 한 박구연(2001)의 선행연구와 일치한다. 따라서 이와 관련하여 본 연구자의 해석이 지나친 비약은 아니라고 생각한다.

둘째, 아동의 '컴퓨터게임 중독'에 대한 인식과 자각증상은 학년마다 다르게 나타났다. 2학년 아동은 '중독' 개념 자체에 대한 인식도 하지 못하였고, 4학년 이상 된 아동에게서 중독에 대한 이해를 하고는 있었으나 6명의 아동 모두 하루 평균 4시간 이상 컴퓨터게임을 하면서도 자신이 중독되었다는 자각은 없었다. 부모가 지각하는 아동의 컴퓨터게임 중독의 자각 증세는 크게 신경질, 불안, 초조의 정서적인 문제, 성장발육 부진, 시력 저하, 안구건조증과 틱장애 등의 신체적인 문제, 폭력적 행동으로 인한 가족 간의 문제, 자기 관리의 문제, 학습의 문제의 다섯 가지였다.

Young(1995)의 통신 중독에 대한 진단 중 인터넷 중독에 걸리면 예상한 것보다 두세 배가 넘는 통신 청구료를 받게 되고, 의식적, 무의식적이든 손가락으로 자판기를 두드리는 행동을 반복적으로 하게 되고, 통신(게임)에 빠져서 밤을 새운 적이 있거나, 식사를 거른 일이 한 번 이상 있고, 며칠 동안 게임을 하지 않으면 왠지 불안하고, 가끔 몽롱한 상태에 빠지며, 컴퓨터 통신으로 인해 학업이나 직장 생활에 지장을 받는 일이 있고 가족 간에 논쟁을 벌인 일이 있다고 한 선행연구와 일치한다. 또한 인터넷 중독자들에게서 금단, 내성, 갈구 등의 의존 현상과 수면장애, 시력 저하 등의 신체적인 증상과 더불어 여러 영역에서 문제점이 나타난다고 한 Young(1996)과 Suler(1998)의 연구와 일치하였으며, 게임 중독 집단이 비중독 집단보다 문제해결 능력과 의사소통 능력이 낮다고 한 이소영(2000)의 연구와 일치한다.

이는 게임에서의 고립된 생활은 현실 생활에서의 대인관계 부족으로 점점 아동으로 하여금 대인기피 현상을 나타낸다. 아동이 게임에 몰두하다 보면 상대방의 말을 소홀히 듣기 때문에 의사소통 능력이 낮아지게 되고 운동 부족으로 인한 체력 저하, 성장발육 부진, 시력 저하 현상이 발생한다.

초등학생의 인터넷 중독 증상은 자존감이 낮고 불안감이 높으며 쉽게 권태감을 느끼며 충동적이고, 중학생은 권태감, 충동성, 자아정체감 불안정이라고 한 이정화(2001)의 연구와 일치한다. 김현수(2000)의 게임에 중독되면 부모와의 대화를 거부하고 대립 양상을 띠며 학교생활에 흥미를 잃어 학습능력이 떨어지고, 거짓말이 늘며 화, 불만, 짜증, 두통 등의 증세가 나타난나고 한 선행연구와 일치한다.

이는 게임을 하다 보면 자기 의도대로 되지 않고 자꾸만 레벨이 떨어지고 상대방에게 질 때 아동은 자신도 모르게 화를 내고 가족들한테 신경질을 낸다. 상대에게 지지 않으려는 승부욕과 친구들한테 뽐내려는 우월감 때문에 점점 더 게임에 빠지게 되고 가정에서 부모의 제지로 컴퓨터 사용을 못 하게 되면 아동은 PC방에 가기 위해, 게임 때문에 친구에게 빌린 돈을 갚기 위해 새로운 거짓말을 한다. 아동의 컴퓨터게임 중독에 관한 아동과 부모에 대한 지각 연구는 없었기 때문에 비교할 수 없었으나 부모는 아동의 게임 중독을 일찍 지각하지 못하는 것을 알 수 있었다.

셋째, 부모는 여러 가지의 게임 중독 증상이 발현되어 가시화되어서야 자녀의 컴퓨터게임 중독 극복에 대한 동기를 가졌다. 또한 아동의 컴퓨터게임 중독에 관한 아동과 부모의 동기에 대한 선행 연구는 없었기 때문에 비교할 수 없었으나 아동의 신체적·정서적 학습 등 여러 가지 문제가 가시화될 때 중독이라고 자각하였으며 부모는 비로소 중독 극복에 대한 동기를 가졌다.

넷째, 아동이 컴퓨터게임 중독에서 벗어나는 것은 우선 아동이 게임하는 시간이 적어지고, 워드 작업이나 한컴 타자 연습을 하고, 정해진 규칙에 따라 자발적으로 할 일을 찾아서 하고, 시간 관리를 할 수 있으며 기다릴 줄 알고, 게임 속에서의 고립된 환경보다는 가족이나 친구들과 어울리고, 밖에서 활동적으로 놀며 가족 간의 갈등이 없어지는 것을 통해서 중독 극복을 자각하게 되었다. 연구에서 밝힌 바와 같이 5세, 6세부터 게임을 시작한 아동은 초등학교 입학 후에 게임을 시작한 아동보다 중독 정도가 심하였고 극복 기간도 6개월 정도 걸렸으며 중독 증세도 다양하였다. 이처럼 유아기 때부터 게임을 시작하여 게임 경력이 높을수록 중독 가능성이 높고 중독 정도는 심하며 극복 기간도 오래 걸린다고 할 수 있다.

아동의 컴퓨터게임 중독 극복에 대한 아동과 부모의 자각 증세에 관한 선행연구가 없기 때문에 비교할 수는 없었지만, Young(1995)의 인터넷 중독 기준에 관한 연구와 셋째 논의에서 밝힌 중독 증상에 관한 선행연구와 비교할 때 아동에게서 중독 증상이 없어지고 중독 이전의 생활태도로 전환될 때 아동과 부모는 중독 극복을 자각하였다.

중독 극복에 대한 아동과 부모의 자각 증세는 아동이 중독 당시에는 자발성이 부족하였고, 성급하고 불안, 초조, 틱장애 등 신체적, 정서적인 문제가 나타났다. 또한 자기 시간 관리와 조절 능력 부족으로 언제나 가족 간의 갈등 현상을 초래하였는데 극복 이후에는 인내하며 자기조절을 할 수 있고 가족 간의 외출 시 함께 어울리고 고립된 환경보다는 친구들과 가족끼리 잘 어울리는 것 등을 통해서 아동과 부모는 중독 극복을 자각하였다.

다섯째, 아동의 컴퓨터게임 중독 극복 방법으로는 차츰 아이에게 관심을 갖고 많은 대화를 하며 아동과 함께 컴퓨터 사용에 대한 규칙을 세워 규칙 위반 시 아동이 좋아하는 게임을 아동의 손으로 직접 지우게 하고, 컴퓨터학원이나 집에서 한컴 타자 치기와 워드 작성법으로 반전의 효과를 보게 하며, 여러 가지 보상을 실시하고, 독서, 바둑, 운동 등 새로운 취미를 갖게 하고, 신앙생활을 하게 하며 사람들을 많이 만나게 하고, 아버지가 자녀 교육에 적극적으로 참여하는 방법 등이 있었다.

컴퓨터게임 중독 극복 방법에 대한 선행연구는 없었지만 사례 연구 결과 아동은 주변 사람이나 가족들의 사랑과 관심을 필요로 하였다. 아버지의 자녀 교육의 참여와 규칙적인 생활은 아동에게 자기 조절력을 키우며 독서와 바둑은 집중력 향상에 도움을 주기 때문에 아동은 컴퓨터게임 중독을 극복할 수 있었다.

사례 연구에서 나타난 결과를 중심으로 컴퓨터게임 중독을 극복하기 위해 가정에서 할 수 있는 방법을 제안하면 다음과 같다.

첫째, 컴퓨터를 거실에 내어 놓고 가족이 함께 사용하는 것이라고 아동에게 인식시키고, 가족 간의 대화와 신앙생활로 가족이 함께하는 시간을 많이 만들고 아버지가 가사를 도와주며 자녀 교육에 함께 참여한다.

둘째, '일주일간 컴퓨터 사용 안 하기' 운동을 하고 아동과 정한 약속이나 규칙은 일관성 있게 끝까지 지키고 워드작성 및 한컴 타자 치기를 지도하며 독서, 등산, 운동, 바둑 등 새로운 취미에 관심을 갖게 한다.

셋째, 지나친 사교육으로 아동을 힘들게 하지 않고 또래 친구들과 밖에서 자유롭게 뛰어 놀게 하고, 나들이를 통한 자연 친화적인 생활을 하게 한다.

넷째, 가족 간의 행사에 같이 참여하게 하고 집 안 대청소에 동참하게 하여 자발성과 통제력을 길러 주고 교회나 사회복지시설을 방문하여 봉사활동을 하게 한다.

다섯째, 컴퓨터게임 중독에서 벗어난 아동과 중독 중에 있는 아동이 함께 수련회를 가서 서로의 경험을 나누며 중독 극복을 도와준다.

여섯째, 부모들은 아동이 컴퓨터게임에 많은 시간을 소모하고 있어도 자기 자녀가 게임에 중독되어 가고 있다고 자각하지 않으며 새로운 놀이 문화로 생각한다. 부모들이 아이에게 세심한 관심을 갖고 자녀를 방임하지 않고 가족이 함께하는 시간을 많이 만들고, 아동을 컴퓨터게임 중독 이후에 극복하려고 노력하는 것보다 사전 예방교육을 위한 학교 교육과 부모 교육이 필요하다. 또한 가족 전체의 집중적인 관심과 꾸준한 치료만이 중독 극복과 재발 방지가 가능하다.

컴퓨터게임 중독 극복을 위한 앞으로의 연구에서는 가족 간의 대화, 협동, 가족이 함께 하는 컴퓨터게임 중독 극복을 위한 프로그램을 개발, 실시하는 연구가 필요하나. 사례 연구 결과 아이들은 마음껏 뛰어놀고 싶어 하였고 가족과 주변 사람들의 관심과 사랑을 필요로 하였다. 그러므로 또래 친구관계를 통한 치료 프로그램, 가족관계 치료 프로그램, 놀이를 통한 치료 프로그램과 방과후 혼자 있게 되는 아동을 위한 공동체 프로그램도 후속연구로 계속되어야 할 것이다.

▲ 드디어 바다에 낚싯대를 드리우고

부록 1.

컴퓨터게임 중독 질문지

1. 학년과 나이는 어떻게 되는가요?
2. 가족은 모두 몇 명인가요?
3. 컴퓨터게임을 하는 장소는 주로 어디인가요?
4. 컴퓨터게임을 처음으로 시작한 시기는 언제인가요?
5. 유치원 때부터 하였다면 몇 세부터 하였나요?
6. 컴퓨터게임을 하루에 몇 시간 정도 하나요?
7. 컴퓨터게임을 하는 이유는 무엇인가요?
8. 학원을 다니거나 과외수업을 받고 있나요?
   - 아니라면 왜인가요?
9. 학원을 다닌다면 몇 군데 다니고 있나요?
10. 부모님은 두 분 다 계신가요?
11. 부모님의 취업 유무는 어떤가요?
12. 한 달에 받는 용돈은 얼마 정도인가요?
13. 하루 평균 부모님과의 대화는 얼마나 자주 하는가요?
14. 컴퓨터게임을 맨 처음 어느 장소에서 배우게 되었나요?
15. 처음에 컴퓨터를 누가 가르쳐 주었나요?
16. 집에 인터넷은 설치되어 있나요?
    - 설치되어 있다면 언제 설치하였나요?
    - 집에 인터넷이 설치되지 않은 이유는 무엇인가요?
17. 친한 친구들은 방과 후에 주로 어떤 놀이로 시간을 보내나요?
18. 자기의 성격은 주로 어떤 성격이라고 생각하나요?

19. 컴퓨터게임을 처음에는 어느 정도로 하였나요?
20. 컴퓨터게임 중독이 되었다고 느낄 때까지는 어느 정도였나요?
21. 컴퓨터게임 중독 당시와 지금의 자신의 성격과 행동은 어떻게 달라졌나요?
22. 작년과 지금 하는 컴퓨터게임의 내용은 어떻게 달라졌나요?
23. 컴퓨터게임 중독에 대해 들어 본 적이 있나요?
24. 자신이 컴퓨터게임 중독이라고 느끼는 이유는 무엇인가요?
25. 어떤 때 컴퓨터게임 중독에서 벗어나야겠다는 생각이 들었나요?
26. 친구나 친척 집에 가서 아무도 모르게 게임 CD를 갖고 온 적이 있나요?
27. 컴퓨터게임 중독을 극복하려고 어떤 노력을 하였나요?
28. 컴퓨터게임 중독을 극복하는 과정에서 가장 힘들었던 것은 무엇인가요?
29. 요즘 친구들이 좋아하는 게임에는 어떤 것들이 있나요?
    - 왜 그런 게임을 좋아하는 것 같나요?
30. 지금 친구들이 컴퓨터게임을 많이 하자고 한다면 자신은 어떻게 할 건가요?
31. 지금 ○○가 가장 좋아하는 게임은 무엇인가요?
32. PC방에 가려고 부모님께 거짓말을 한 적이 있나요?
33. 컴퓨터게임을 계속하면 부모님께 혼나는 줄 알면서 계속하는 이유는 무엇인가요?

34. 컴퓨터게임을 함으로써 좋아진 점이 있나요? 있다면 무엇인가요?
35. 컴퓨터게임을 함으로써 나빠진 점이 있나요? 있다면 무엇인가요?
36. 컴퓨터게임을 하기 전과 게임을 많이 하고 난 후의 ○○의 행동은 어떻게 달라졌나요?
37. 요즘 많이 하는 게임은 무엇인가요?
38. 컴퓨터게임을 많이 하면 부모님은 ○○에게 어떻게 하시나요?
39. 컴퓨터게임 CD를 사려고 친구끼리 돈을 주고받거나 빌려주기도 하는가요?
40. 컴퓨터게임 중독에서 벗어나기 위한 좋은 방법에는 어떤 것들이 있다고 생각하나요?

부록 2.

축어록 상담 사례

사례 1: 초등학생 김인태(가명) 이야기

1. 아동의 인적사항

만 8세. 초등학교 2학년으로 경기도 A시에 살고 있는 남자아이이다.

2. 가족관계

아버지는 39세로 고졸의 학력을 가졌으며 2남 1녀의 장남이고 회사 생산직에 종사하고 있다. 어머니는 37세로 고졸의 학력을 가졌으며 2남 1녀의 막내이며 판매직에 종사하고 있다. 그 외 가족으로는 할머니와 형 한 명이 있다.

1) 생육사

부모는 중매결혼을 하였으며 3년 전 연구 아동이 6세 때 이혼하였다. 부모의 이혼 후 연구 아동이 7세 때부터 집안의 경제적 어려움으로 아동은 할머니 집에서 아버지와 형과 함께 살고 있다. 주교육은 연구 아동이 6세 때까지는 어머니가 하였고 7세 때부터 주 양육자는 할머니이다. 아동이 혼자서 노는 시간이 많아지자 7세 때부터 현재까지 학원과 방과 후 교실에서 주 교육을 받고 있다.

2) 대인관계

내성적이고 자기표현력이 부족하며 자신감이 없는 아동이다. 노는 것은 좋아하나 친구들을 많이 사귀지는 않고 주로 동네 친구와 자기보다 2, 3세 어린 유치원생들과 많이 논다.

3) 주 호소

면담 당시 연구 아동의 아버지는 컴퓨터게임 중독에 관해 크게 다섯 가지 어려움이 있다고 했다.

첫째, 인터넷에서 컴퓨터게임을 하는 데 하루 평균 4시간 이상의 시간을 소모해야 만족을 얻는 내성 증상이었다.

둘째, 장기간의 심한 컴퓨터게임 사용을 중지하거나 감소시키면 나타나는 금단 증상으로 아무 데서나 손가락으로 자판 두들기는 시늉을 하였다.

셋째, 학교 수업 시간에 컴퓨터게임 생각을 하다가 선생님께 혼난 적이 많고 주의가 산만하다.

넷째, 목소리에 힘이 없고 자신감이 부족하며, 밥도 잘 안 먹고 학업 성적이 부진하며, PC방에 자주 다닌다.

3. 아동 상담

면접자: "컴퓨터 게임을 시작한 시기와 계기는 무엇인가요?"

아 동: "일곱 살 정도요. 형아가 하니까 나도 하고 싶어서요. 재미있으니까요, 심심하고 졸기도 하니까요. 친구와 게임에서 싸울 수가 있어서요."

면접자: "엄마와 언제부터 떨어져 있었나요?"

아 동: "여섯 살인가 일곱 살부터요."

면접자: "엄마랑 만난 적은 있어요?"

아 동: "이모네에서 만난 적이 있어요. 엄마는 서울에 살고 전화는 엄마가 해요. 집으로 해요."

면접자: "학원을 다니거나 과외수업을 받고 있나요?"

아 동: "예. 속셈 학원에만 다니다가, 요즘은 방과 후 교실도 다니죠."

면접자: "아빠는 ○○랑 잘 놀아 줘요?"

아 동: "예."

면접자: "어떻게 놀아 줘요?"

아 동: "게임 한 판 하자고 해요. '스타크래프트'를 하는데요. 밤 열 시까지 해요"

면접자: "컴퓨터 중독증이라는 말 들어 본 적 있나요?"

아 동: "들어 본 적 없어요."

면접자: "아빠는 몇 시에 퇴근하세요?"

아   동 : "아빠는 8시인가 9시에 들어와서 아빠는 밤 열 시까지 컴퓨터 게임을 해요."

면접자: "컴퓨터게임을 처음 어느 장소에서 배우게 되었나요?"

아   동 : "집에서 했어요. 형아한테서 게임 배우고 아빠한테 컴퓨터 공부를 배웠어요."

면접자: "아빠와 얘기는 하루에 얼마 정도 하나요?"

아   동: "10분이나 1분요."

면접자: "언제 하나요?"

아   동 : "뭐 안 써 올 때요. 형아가 물감 안 사 왔다고 다시 갖고 올 때 준비물 때문에요."

면접자: "한 달에 받는 용돈은 얼마 정도인가요?"

아   동 : "천 원이요."

면접자: "컴퓨터 설치는 누가 했나요?"

아   동 : "고모가요. 인터넷도 고모가 했어요."

면접자: "○○는 방과 후에 어떻게 시간을 보내나요?"

아   동 : "놀죠. 뭐 하긴요."

면접자: "컴퓨터게임을 처음에는 어느 정도로 하였나요?"

아   동 : "처음에는 한 시간 정도 했어요. 그다음부터는 밥도 못 먹은 적도 있고요. 늦게 잔 적도 있어요. 게임 때문에요."

면접자: "컴퓨터게임을 하다가 늦게 자서 지각한 적은 없나요?"

아　동: "지각한 적은 없어요."

면접자: "작년 컴퓨터게임과 지금은 다른가요?"

아　동: "예, 달라요. 작년에는 소리가 너무 컸는데 지금은 소리가 좀 작아요."

면접자: "예전에 하던 컴퓨터게임 장소와 지금의 장소는 바뀌었나요?"

아　동: "아뇨, 작년에도 아빠 방에서 하였고 지금도 아빠 방에서 해요."

면접자: "컴퓨터게임을 그만하려고 한 적이 있었나요?"

아　동: "아뇨, 없어요. 딱 한 번이요. 왜요?"

면접자: "친척 집이나 친구 집에서 CD를 모르게 갖고 온 적이 있나요?"

아　동: "아뇨, 없어요."

면접자: "컴퓨터게임에서 그만하려고 할 때 힘든 것은 무엇인가요?"

아　동: "게임을 못 참겠어요."

면접자: "요즘. 친구들이 좋아하는 게임은 무엇인가요?"

아　동: "거의 다 '디아블로'요."

면접자: "왜 그 게임을 좋아해요?"

아　동: "죽이는 거라서요."

면접자: "○○한테 좀 어렵지 않아요?"

아 동: "조금 어려워요."

면접자: "○○가 요즘 제일 좋아하는 게임은 무엇인가요?"

아 동: "'디아블로'요."

면접자: "PC방에 가려고 거짓말을 한 적이 있나요?"

아 동: "아뇨, 없어요."

면접자: "부모님께 혼나는 줄 알면서 컴퓨터를 계속하는 이유는 뭔가요?"

아 동: "못 참으니까요. 재미있어요. 잘하는 친구를 만날 수 있으니까요. 그냥 재미있으니까요."

면접자: "○○가 컴퓨터를 함으로써 좋아진 것은 무엇인가요?"

아 동: "게임 실력이요. '크레이지 아케이드', '물 풍선 게임'이요. 동물 죽이기 게임이요."

면접자: "○○이가 컴퓨터를 함으로써 나빠진 것은 무엇인가요?"

아 동: "잠을 늦게 자요. 눈이 나쁘죠. 게임을 너무 오래해서 배가 아프고 토할 것 같고요. 눈이 잘 안 보여서 사고 날 뻔했이요."

면접자: "언제 사고 날 뻔했나요?"

아 동: "여덟 살 때 차가 '빵빵' 해 가지고요. 어떤 사람이 막 뒤로 가라고 해서 뒤로 갔는데 안 부딪혔지만 그때요. 그런데 왜요?"

면접자: "컴퓨터게임 생각한다고 학교 수업 시간에 혼난 적은 없

나요?"

아 동: "있어요. 컴퓨터게임 생각하다가 멍하게 있다가 선생님께 맞은 적이 있어요. 벌 받은 적도 있어요. 회초리로 머리를 팍 때렸어요."

면접자: "하나의 게임을 완성하는 데 시간은 얼마나 걸리나요?"

아 동: "1분인가 걸려요."

면접자: "컴퓨터게임 CD를 사려고 친구끼리 돈을 빌려주고 받은 적이 있나요?"

아 동: "예, 친구한테 제가 빌린 적이 있었어요. 전 원래 500원 빌렸는데 200원만 줬어요."

면접자: "컴퓨터게임 중독에서 벗어나려면 어떻게 하면 될까요?"

아 동: "아빠가 컴퓨터를 부수면 될 것 같아요. 아빠가 컴퓨터를 고장 나게 하면 돼요."

면접자: "그러면 친구 집이나 PC방에 갈 거잖아요."

아 동: "PC방은 늦게까지 하니까 늦게까지 못 있지요. 친구 집에도 늦게까지 못 있잖아요. 아빠가 컴퓨터를 딴 아이한테 주는 거예요. 컴퓨터를 숨겨 버려요. 그리고 우리가 컴퓨터를 먹어 버리든지요."

면접자: "컴퓨터게임 중독에서 벗어나기 위한 가장 좋은 방법은 무엇이 있는 것 같아요?"

아 동: "큰 컴퓨터를 팔아 가지고 돈을 받으면 작은 컴퓨터(노

트북)를 사서 숨겨 놓으면 될 것 같아요."

면접자: "앞으로 어떤 직업을 갖고 어떤 사람이 되고 싶어요?"

아 동: "선생님요. 말 안 들으면 죽일 거예요."

면접자: "ㅇㅇ가 컴퓨터게임을 많이 한다고 느낄 때는 언제인가요?"

아 동: "PC방에 갈 때요. 전기가 나갈 것 같을 때요. 신날 때요. 전기 주의 안 하면 전기가 나갈 것 같아요. 숙제 안 할 때 공부 안 할 때, 일기 안 쓸 때, 아빠와 한 약속 안 지킬 때요."

면접자: "아빠 약속이 뭔가요?"

아 동: "일기 매일매일 쓰라고요."

면접자: "ㅇㅇ가 컴퓨터게임을 안 할 수 있는 방법은? 이렇게 해 주면 나는 컴퓨터게임 안 할 수 있어요, 하는 거 말이에요."

아 동: "공부를 잘할 때요. PC방에 매일 가면요. 생각이 높아지면요. 공부해서 말이에요. 아빠가 안 때리면 게임 안 할 수 있어요. 지금도 안 하는데…. 지금은 토요일 날만 해요. 형아가 날 놀리지 않으면요. 형아가 놀리니까 화가 나서 게임 해요. 친구들이 공부 못한다고 놀리지 않으면 안 할 수 있어요."

면접자: "학교에 가면 친구들이 공부 못한다고 놀려요? 언제부

터 놀렸어요?"

아 동: "여덟 살 때요. 안 바쁘면 컴퓨터 할 수 있어요. 바쁘면 컴퓨터 안 해요. 바쁘면 컴퓨터를 못 해요."

면접자: "바쁘게 하려면 어떻게 하면 될까요?"

아 동: "돈 많이 벌어서 아무 데나 시키면요. 시키면 바쁘잖아요."

면접자: "그게 무슨 말인가요?"

아 동: "아르바이트 같은 거 시키면 바쁘잖아요. 그러면 게임 안 하잖아요. 형아가 먼저 하면 안 해요. 내 동생이 생기면요. 동생이 생기면 자꾸만 울어서 컴퓨터를 못 하잖아요. 친구들이 우리 집에 놀러 오면요, 안 할 수 있어요. 저만하니까 혼나잖아요. 형아가 컴퓨터 하지 말라고 할 때요. 친구들이랑 약속할 때요. 나랑 놀아 주면요."

면접자: "누가 ○○랑 놀아 주면 안 할 것 같아요?"

아 동: "형아가요. 친구, 아빠, 엄마, 할머니, 동생들이요. 엄마가 오면 안 할 수 있어요."

면접자: "엄마가 온다고 생각하면 되잖아요?"

아 동: "하지만 안 오잖아요. 내 강아지가 새끼를 낳으면요. 밥도 먹이고 강아지 울게 놔두면 안 되니까요. 저가 죽으면요. 아이들이 놀러 오면요. PC방이 없으면요."

면접자: "○○는 어떤 때 컴퓨터게임을 하나요?"

아 동: "엄마가 보고 싶어서 한 적도 있어요. 게임을 하니까 엄

마랑 비슷한 사람이 나오면 볼 수 있어서요. 게임에서 옛날 친구를 만날 수 있으니까요."

면접자: "엄마가 보고 싶을 때는 어떻게 하나요?"

아 동: "비슷한 사람을 골라요. 캐릭터 중에 안경 쓴 사람이요. 우리 엄마도 안경 쓰거든요. 엄마는 서울에 살아요. 나는 △△에 살고요."

4. 김인태 부 상담

면접자: "자녀가 컴퓨터게임을 처음 접한 시기와 계기는 무엇인가요?"

부 : "여섯 살인가 일곱 살 때부터 하였는데 애 엄마와 3년 전에 이혼하였어요. 그때부터 아이가 할머니와 지내게 되었는데 방과 후에 혼자 집에 있는 시간이 많다 보니 주위에 친구들도 컴퓨터게임을 많이 하고 또 게임이 재미있잖아요. 그래서 아이가 컴퓨터게임을 많이 하는 것 같아요."

면접자: "자녀가 컴퓨터게임 중독 당시에는 컴퓨터게임을 하루에 평균 몇 시간 정도 하였으며 요즘에는 몇 시간 정도 하는가요?"

부 : "많이 할 때는 밤 열두 시까지 하였으니 학교 갔다 와서 학원 갔다 오면 세 시정도 되는데 그때부터 저녁 먹을

때까지 세 시간 정도 하고 제가 퇴근해서 오면 또 한두 시간 더 하니까 하루에 평균 네다섯 시간은 했던 것 같아요. 요즘은 토요일, 일요일 날에만 해요."

면접자: "평소에 자녀와 대화는 얼마나 자주 하시며 주로 어떤 방법으로 아이와 놀아 주시나요?"

부　　: "회사가 시화공단에 있기 때문에 집에서 거리가 멀어 두 시간 가까이 걸려요. 퇴근하면 거의 9시가 다 되니 솔직히 대화할 시간도 없고 놀아 준다는 것도 아이들과 같이 게임하며 같이 놀아 주죠. 한두 시간 아이들과 게임 한 판 하고 나면 11시가 다 되니 저도 피곤하고 그래서 아이들 숙제는 잘 못 봐주고 대화도 잘 못 하는 편이에요."

면접자: "자녀가 컴퓨터를 처음에 누구한테서 배우게 되었나요?"

부　　: "큰아들이 6학년인데 그놈이 4학년 때 작은 아이한테 곧잘 가르쳐 주더라고요. 저도 가끔 게임이며 인터넷 사용하는 방법을 아이들에게 가르쳐 주었고요. 조금씩 가르쳐주니 어느 날인가부터 친구들끼리 서로 가르쳐 주고 하더니 자연스럽게 잘 하데요. 그리고 컴퓨터에서도 게임 사용법이 다 나오잖아요."

면접자: "자녀의 성격은 주로 어떤 성격인가요?"

부　　: "아이가 좀 소심하고 자기 표현력이 없는 편이에요. 숫기가 없고 자신감도 없고 항상 기가 죽어 있죠. 애 엄마와 이혼하고부터 아이가 더 기가 죽은 것 같아요. 공부를 잘 못 하니 더 자신 없어 하는 것 같고 남 앞에 나서기도 싫어하고 손 들고 발표도 잘 못 해요. 또래 친구들과 잘 놀지 않고 동네 이웃 친구들과 노는 것이 자기보다 더 어린 유치원생들과 놀아요. 좀 걱정입니다. 아이가 너무 기가 죽어 있고 소심하여서 말입니다."

면접자: "자녀가 컴퓨터게임에 중독된 시기는 언제부터였나요?"

부   : "작년에 1학년 때 가장 많이 한 것 같아요."

면접자: "자녀가 컴퓨터게임에 중독되었다고 느끼는 부모님의 자각 증세는 무엇이었나요?"

부   : "처음에는 아이가 중독이 되었다고 생각을 못 했죠. 그런데 1학년 입학하고부터 아이가 계속 준비물도 잘 못 챙기고 제가 퇴근하고 와도 그때까지 학교 숙제는 하나도 하지 않고 일기도 안 쓰고 씻지도 않고 그냥 컴퓨터게임만 하고 있는 겁니다. 아침에도 늦잠 자고 일어나지도 못하고 제가 퇴근하면 제가 할 일이 태산같이 밀려 있는 겁니다. 청소도 해야 되고 숙제도 봐줘야 되고 빨래며 설거지며 집에 어머니가 같이 계시지만 청소는 제가 해야 되잖아요? 그런데 아이가 컴퓨터게임에 중독된 이후부터 집 안이 온통 어질러져 있고 숙제도 안 하고

제 할 일이 너무나 많아 제가 힘이 드니까 아이가 게임에 중독된 줄 알게 되었죠."

면접자: "자녀의 컴퓨터게임 중독 실태는 어떠하였나요?"

부　　 : "우선 자기 할 일을 제시간에 하지 않고 공부는 뒷전이고 오락부터 하고 공부에 흥미가 없어 학업성적이 부진하였어요. 컴퓨터 앞에서 게임하며 음식을 먹느라 컴퓨터 주변이 항상 지저분하였고 몸을 잘 씻지 않고 이 닦기도 잘 안 하고 자기 방 청소도 안 하고 온 집 안을 어지르고 아이가 지저분해지고 게을러졌어요. 그리고 공부를 점점 하기 싫어하고 밤 열두 시까지 게임을 하느라 늦게 자니 아침에 늦잠 잔다고 못 일어나죠. 밥도 제시간에 못 먹죠. 밥을 먹는 양이 적어지고 눈도 나빠졌죠. 행동이 제일 문제였고 학업 성적 부진이 제일 심각하였어요."

면접자: "자녀의 컴퓨터게임 중독 극복에 대한 부모님의 동기는 무엇이었나요?"

부　　 : "퇴근하고 집에 오면 좀 쉬어야 하는데 아이들이 그때까지 자기 할 일은 하지 않고 컴퓨터게임만 하고 있으니 9시 이후부터 제가 아이들 숙제와 씻는 것, 청소, 설거지 모두를 해야 하니 밤 열 한 시가 넘어야 제 할 일이 끝이 나는 겁니다. 그러니 제가 얼마나 피곤합니까? 처음에는 어머니와 같이 안 살았거든요. 작년부터 어머니 집에서 같이 사는데 그동안 제가 아이들을 너무 자유롭게 키워 온 것 같아 저녁마다 제가 피곤해서 견딜 수가 없었어요. 그래서 '아이의 컴퓨터게임 중독을 극복시켜야겠다.'는 생각을 하게 되었죠. 그리고 아이가 게임을 너무 많이 하여 학교 수업시간에 딴 생각을 하는지 어느 날 학교 선생님한테서 전화가 왔어요. 아이가 수업시간에 집중을 하지 못한다고 집에 무슨 일이 있느냐고 하면서 말입니다. 그래서 그냥 놔두었다가는 학교 선생님한테 불려갈 것 같아 그때부터 중독 극복을 깨닫게 된 동기가 된 거죠."

면접자: "자녀가 거짓말을 하며 PC방에 다닌 적은 없었나요?"

부 : "거짓말하며 다닌 적은 없는 것 같아요. 제가 평일에는 컴퓨터를 못 하게 하는 대신 토요일, 일요일 날에는 컴퓨터를 하게 해 주거든요. 그리고 일요일마다 PC방에 같이 가 주기로 약속을 해서 그것을 지키기 때문에 거짓말을 하며 PC방에 다닌 적은 없어요."

면접자: "컴퓨터게임을 함으로써 자녀에게 좋아진 것은 무엇인가요?"

부 : "글쎄요. 별로 없는 것 같아요."

면접자: "컴퓨터게임을 함으로써 자녀에게 나빠진 것은 무엇인가요?"

부 : "밥을 제시간에 먹지 않고 밥 먹는 양이 줄어서 성장이 잘 안 된 것 같아요. 또 가족들이 나들이 갈 때 같이 안 가려고 하고 자기 공부와 할 일을 하지 않고 게임부터 하니 스스로 할 일을 못 하고 몸을 잘 안 씻고 지저분해지고 게을러지고 청소도 잘 안 하고 늦잠 자고 학업성적도 나빠졌죠. 눈도 나빠지고 형과도 잘 싸우고 나빠진 게 한두 가지가 아니죠. 무엇보다 밖에 안 나가고 혼자 집에서 오로지 컴퓨터만 하려고 하니 대화를 안 하려고 하고 그러지 않아도 소극적이고 발표도 안 하는 아이가 저러다 바보 만들겠다 싶을 정도였으니까요."

면접자: "자녀의 컴퓨터게임 중독 극복을 위해 부모님이 하신 지도 방법은 무엇이었나요?"

부 : "이것저것 다 해 보았죠. 종아리 열 대부터 삼십 대씩 때린 적도 있고 엉덩이 80대 때린 적도 있어요. 그래도 안 고쳐지데요. 그래서 컴퓨터를 그냥 꺼 버린 적도 있고 컴퓨터를 팔아 버리든지, 내버리든지 해야겠다고 위협을 주는 말도 해 보고 컴퓨터를 던지는 시늉까지 했지요. 손 들고 한 시간씩 벌을 세운 적도 있고 그래도 계속하였어요. 그래서 나중엔 구슬렸고 타일렀죠. '평일 날은 컴퓨터를 하지 마라. 정말 하고 싶으면 한 시간씩만 해라. 그 대신 토요일 날은 네 맘대로 해라. 그리고

일요일마다 아빠랑 같이 PC방에 가자.' 하며 일주일 동안 참는 방법을 가르쳤죠."

면접자: "일주일 동안 아이들이 게임을 안 하고 참을 수가 있을까요?"

부　　: "처음에는 하루도 못 참죠. 그래서 한 시간만 참아 보자, 하며 눈감고 명상을 하게 하였죠. 그런 식으로 두 시간, 세 시간 하루씩 참다 보니 일주일도 참더라고요. 꼭 하고 싶은 날은 저에게 전화가 와요. '아빠, 게임해도 돼요? 너무 하고 싶어서요.' 하면서요. 그런 날은 허락을 해 줘요. 어른도 하고 싶은 날 못 참을 때가 있잖아요. 그리고 일주일을 잘 참으면 제가 꼭 두 아들과 같이 PC방에 같이 갑니다. 그리고 집 안 청소하는 것도 같이 하게 하고 일을 분담시키고 자꾸 시키다 보니 아이들도 돕더라고요. 처음엔 때리면 다 들을 줄 알고 때렸는데 그게 더 성질만 나고 말을 안 들어요. 그래서 자꾸 아이들을 붙잡고 아빠가 힘들다는 애기를 해 주고 도와달라며 일을 시킵니다. 집 안 청소부터 빨래 개는 것까지 그러다 보니 아이들도 점점 게임을 덜 하고 이제는 토요일, 일요일에만 해요. 그리고 약속을 잘 지키고 잘 참았으면 제가 아이들을 데리고 놀러도 가 주고 자기들 좋아하는 게임 CD도 사 주고 또 맛있는 피자도 사 주고 그러죠. 그리고 가끔씩 아이들을 데리고 등산이나 약수터에도 가죠. 그리고 무엇보다 아이가 컴퓨터게임 중독에서 벗어난 것은 방과 후 교실 선생님의 도움이 컸던 것 같아요."

면접자: "어떻게 방과 후 교실 선생님의 도움이 컸나요?"

부　　: "사실, 저는 아이와 게임 때문에 매일 싸우면서도 어떻게 해야 고치는지 생각을 못 했거든요. 그런데 어느 날 아이가 다니는 학원 원장 선생님의 전화가 왔는데 상담하러 오라고 했어요. 아이가 너무 표현력이 부족하고 발표도 않고 표정이 없이 항상 고민을 하고 공부 시간에 딴 생각을 하는 것 같다며. 제수씨와 잘 아는 선생님이라 제가 이혼하였다는 것을 알고 있었거든요. 그래서 상담을 하러 갔더니 아이가 컴퓨터게임을 많이 하는 이유와 아이의 성격에 문제가 있으니 혼자 집에 오래도록 방치하지 말고 방과 후 교실에 종일반으로 보내라고 해서 아이를 방과 후 교실에 보냈죠. 선생님의 세심한 관심과 보살핌으로 아이는 성격도 밝아지고 컴퓨터게임도 안 하게 되었고 그 후 저도 그 선생님이 시키는 대로 아이에게 컴퓨터게임으로 놀아 주지 않고 대화를 많이 해 주고 밖으로 데리고 나가 놀고 교회도 같이 가고, 그러다 보니 아이가 컴퓨터게임 중독에서 벗어나게 되었어요."

면접자: "자녀가 컴퓨터게임 중독 극복을 한 것에 대한 부모님의 자각 증세는 무엇이었나요?"

부　　: "우선은 아이가 컴퓨터를 일주일씩 안 하고도 참고 기다릴 수 있다는 것이죠. 예전 같으면 하루도 못 참았거든요. 그리고 밥은 안 먹어도 게임을 했는데 요즘은 가족이 함께 밥도 같이 먹고 저녁에도 9시 30분이면 잠을 자고 아침밥도 먹고 학교에 가고 방과 후 교실에서도 아이가 예전보다 씩씩해지고 집중력도 예전보다 좋아졌다고 하고 아이가 그날그날 해야 할 숙제와 일과를 미루지 않고 제시간에 할 일을 하고 규칙적으로 생활하고 제가 아이들에게 잔소리를 덜 하고 아이와 컴퓨터게임 때문에 안 싸우게 되니 아이가 게임 중독에서 극복한 거라고 생각하죠."

면접자: "자녀가 컴퓨터게임 중독에서 벗어난 지는 얼마나 되었나요?"

부　　: "올해 1월 조에 완선히 극복을 하였으니 서의 넉 달 되었네요."

사례 2 - 초등학생 유성진 이야기

1. 아동의 인적사항

만 10세. 초등학교 4학년으로 경기도 A 시에 살고 있는 남자아이이다.

2. 가족관계

아버지는 41세로 대학 졸업의 학력을 가졌으며 1남 1녀의 막내이고 전문직에 종사하고 있다. 어머니는 42세로 고졸의 학력을 가졌으며 1남 3녀의 첫째이다. 아버지와 어머니는 3년 전에 이혼하고 그때부터 아버지와 살고 있다. 그 외 가족으로는 누나 1명이 있다.

1) 생육사
부모는 중매결혼을 하였으며 교제 기간 중에 연구 아동의 누나를 임신하게 되어 아버지 쪽에서 원치 않는 결혼을 하게 되었다. 따라서 어머니는 임신 3개월에야 결혼식을 올렸다. 부모의 이혼으로 초등학교 2학년 때 연구 아동은 충청도 K 시에 있는 할머니 집에서 자라게 되었다. 2학년이 되면서 4월에 전학을 가서 이전에 사귀던 친구들과 헤어진 부모를 그리워하며 울면서 지냈다. 연구 아동의 아버지는 할머니가 돌아가시기 전에 손자라도 실컷 보시고 자식들에게는 자기의 뿌리를 알게 하고 어른을 공경하는 마음을 키우게 하려는 의도에서 시골로 보내게 되었다. 이후 2001년 12월 중순경 연구 아동은 충청도에서 다시 아버지가 있는 경기도 A 시로 4학년이 되자마자 전학하였으며 아버지, 누나와 함께 살게 되었다.

5세부터 7세까지 3년간 유치원을 다녔으며 성격은 밖에서 잘 노는 활달한 성격이었다. 글자 깨우쳐 주기, 동화 읽어 주기, 학습지 지도하기 등 가정에서의 주 교육은 아버지가 주로 하였으며 연구 대상은 어머니와 공부하는 것보다 아버지와 함께 공부하는 것을 더 좋아했다. 어머니가 아이에게 공부 가르치는 것을 귀찮아하자 아이들의 공부는 주로 아버지가 가르쳐 주었다.

2) 대인관계

활달하고 노는 것을 좋아해서 친구들 집에도 잘 가고 서로 어울려 잘 노는 성격이다. 상황에 따라 자신에게 불리한 일에 처했을 때는 솔직한 말을 회피한다.

3) 주 호소

첫째, 컴퓨터게임에 하루 평균 5시간 이상의 많은 시간을 소모해야 만족을 얻는 내성(耐性) 증상이었다.

둘째, 장기간의 심한 컴퓨터게임 사용을 중지하거나 감소시키면 눈을 자주 깜박거리는 틱장애와 불안, 허전하여 이 방, 저 방을 돌아다니며, 아무 데서나 손가락을 자판 두드리는 운동의 금단 증상이 나타났다.

셋째, 컴퓨터게임 사용시간이 계획했던 것보다 더 길어지는 경우였다. 넷째, 컴퓨터게임으로 인해 수면장애로 학업성적이 부진하였고 밤에 자면서 컴퓨터게임에 관한 꿈을 꾸며 가끔 소리를 지르기도 하였다. 다섯째, 컴퓨터게임을 혼자서 많이 하려고 그것 때문에 누나와 자주 싸우고 게임 때문에 밥도 안 먹고 집에서만 놀아 친구가 없어졌다. 여섯째, 컴퓨터게임 CD를 사기 위해 거짓말을 하고 할머니의 주머니에 손을 대며 부모님 모르게 PC방에 다녔다.

3. 아동 상담

면접자: "컴퓨터게임을 처음 시작한 시기와 계기는 무엇인가요?"

아　동: "초등학교 2학년 때요. 집에서 하게 되었어요."

면접자: "왜 하게 되었나요?"

아　동: "심심하니까요. 재미있으니까요."

(컴퓨터게임을 처음 시작할 때는 학원에 안 다녔고 인터넷 설치는 시골 할머니 댁에 가서 살면서 2학년 때 하였다고 한다.)

면접자: "인터넷 설치 후 컴퓨터게임 사용 시간이 달라졌나요?"

아 동: "하루 세 시간에서 네 시간씩 했어요. 보통 오후 세 시쯤에서 오후 일곱 시까지 했어요. 3학년 1학기 때부터 2학기까지 많이 하게 되었어요. 거의 매일 밤 12시까지 하였어요."

면접자: "요즘 주로 하는 게임은 무엇인가요?"

아 동: "「바람의 나라」요."

면접자: "○○의 성격은 원래 어떤 성격이었어요? ○○의 성격은 컴퓨터 게임 사용 이후 성격이 변한 것 같나요?"

아 동: "컴퓨터게임 하기 이전에는 친구랑 밖에서 잘 노는 성격이었는데 컴퓨터 게임하고부터 집에서 혼자 있는 시간이 많아지고 친구들과 노는 시간이 없어졌어요. 토요일에만 친구랑 6시//4시 친구 집에서 오락하며 놀아요."

면접자: "○○는 어떤 때 내가 컴퓨터게임에 중독된 것 같아요?"

아 동: "많이 하고 싶을 때, 하고 싶은 마음이 자꾸 들 때요."

면접자: "컴퓨터게임을 적게 해야겠다고 생각한 적은 있나요?"

아 동: "예, 그냥 하기 싫다는 생각을 했어요. 안 한 적도 있어요."

면접자: "요즘 친구들이 좋아하는 게임은 어떤 것인가요?"

아　동: "「바람의 나라」요."

면접자: "친구들이 다시 게임을 많이 하자고 한다면 어떻게 할 것 같아요?"

아　동: "그냥 많이 할 것 같아요. 하러 갈 것 같아요."

면접자: "컴퓨터게임을 계속하는 이유는 뭘까요?"

아　동: "하고 싶으니까요. 캐릭터를 골라서 무기도 사고 옷도 입고 내 마음대로 조종하니까요."

면접자: "컴퓨터게임 하기 이전의 ○○의 행동과 지금의 행동은 어떻게 달라졌나요?"

아　동: "컴퓨터게임 하기 이전에는 친구들과 밖에서 많이 놀았어요. 밤 여덟 시까지 친구 집에서 놀았어요. 게임 안 하고 비디오 빌려 보고 장난감도 가지고 놀고 롤러블레이드도 타고 따조(딱지)놀이, 가족들과 밖에 나가 놀았는데 요즘은 게임에서 친구랑 만나요. 그리고 누나와 컴퓨터게임 때문에 많이 싸우고 많이 맞기도 해요."

면접자: "컴퓨터게임을 함으로써 좋아진 것은 뭐가 있나요?"

아　동: "게임을 할 수 있고 인터넷을 할 수 있죠. 타자 실력이 좋아졌고 친구들과 온라인게임을 할 수 있어요."

면접자: "컴퓨터게임을 함으로써 나빠진 것은 무엇인가요?"

아　동: "친구랑 잘 안 놀아요. 성적이 내려가요. 아침에 늦잠을 자요. 밥을 적게 먹어요."

면접자: "컴퓨터게임 중독에서 벗어나려면 어떻게 하면 될까요?"

아 동: "일주일 동안 컴퓨터를 사용하지 못하게 해요."

면접자: "나중에 커서 어떤 직업을 갖고 일하고 싶나요?"

아 동: "경찰이요."

4. 누나 상담

누나가 본 동생의 컴퓨터 중독 증상 및 여러 가지 행동에 대해 물어보았다.

면접자: "동생이 컴퓨터게임에 중독되었다고 느낀 적이 있나요?"

누 나: "예, 거의 매일 느꼈어요."

면접자: "처음에 동생이 왜 게임을 하는 것 같았어요?"

누 나: "재미도요. 심심해서 할 일이 없어서요."

면접자: "컴퓨터게임 시작하고 언제쯤 되니까 재미를 붙이는 것 같았어요?"

누 나: "컴퓨터게임 사용 후 일주일도 안 되어서 재미 붙였어요."

면접자: "컴퓨터게임 후 동생의 나빠진 행동은 어떤 게 있었나요?"

누 나: "컴퓨터 앞에서 비키라고 할 때 짜증 내고 시비 걸고 덤벼요, 전원도 끄려고 했어요. 숙제도 안 하고 제가 도와주었어요. 컴퓨터게임 하면서 밥 먹고, 과자, 생라면, 음료수, 햄버거 온갖 거 다 먹었어요. 제가 집에 올 때까지 동생 혼자서 일곱 시까지 4시간 정도 매일 하였어요."

면접자: "동생이 학원에는 안 다녔나요?"

누 나: "컴퓨터학원, 보습학원 다녔는데 갔다 와서 그때부터 네 시간씩 하고 또 매일같이 밤 열두 시까지 했어요. 그래서 저는 밤 열두 시부터 새벽 세 시까지 했구요. 나빠진 행동이요? 많지요…. 수업 준비물 못 챙겨서 방학 숙제도 못 하고 그냥 학교에 갔죠. 학교 갔다 오면 집에 오자마자 컴퓨터 앞에 앉아 컴퓨터게임부터 하였죠. 게임에서 지면 컴퓨터에다 대고 욕도 했죠. 할머니가 그만하라고 해도 말을 먹어 버리죠(안 듣고 흘려들음). 할머니가 뭐라고 해도 들은 체도 않고 무슨 말을 하면 못 들었다고 나중에 엉뚱한 소리 하며 잡아떼죠. 동생이 컴퓨터 할 때 심부름을 저한테 떠넘기죠. 아빠한테 수시로 핸드폰해서 제가 컴퓨터 못 하게 한다고 괴롭힌다고 일러바쳤죠."

면접자: "동생이 컴퓨터게임 때문에 아빠한테 어떻게 혼났어요?"

누 나: "아빠가 오셔서 몽둥이로 엉덩이 50대씩 맞았죠."

5. 유성진 부 상담

면접자: "자녀가 컴퓨터게임을 처음 접한 시기와 계기는 무엇인가요?"

부   : "유치원 때 6세쯤 TV와 연결하는 전자오락게임을 주로 하였는데 그때는 슈퍼마리오, 갤러그, 소닉 등을 하여 단순한 게임으로 접하였죠. TV와 연결하여 게임을 하다 보니 아이의 게임 시간은 가족들의 TV 시청을 막게 되었어요. 그러다 우연히 친척 중에 486DX2 컴퓨터 중고를 가지고 왔어요. 여섯 살쯤 되었을 거예요. 이 컴퓨터는 CD 게임은 아니었으나 수십 가지의 게임을 컴퓨터에 입력하고 입맛대로 게임을 할 수 있었으며 중간에 저장하고 TV에서 보는 일차원적인 게임보다는 게임을 진행하면서 새로운 아이템을 획득하고 정복해 가는 게임을 아이가 자꾸 접하게 됨으로써 게임 속에 빠져든 것 같아요. 처음 컴퓨터를 접할 때에는 매일 컴퓨터 책상 앞에 앉아서 게임에 빠졌어요. 유치원에 갔다 오면 곧바로 책상 앞에 앉아서 게임에 몰두하였답니다. 아이가 초등학교 2학년 때 아이가 친구 집에 다니면서 컴퓨터게임하고 싶어 하는 모습이 마음 아파 팬티엄 Ⅲ 컴퓨터를 사 주었어요."

면접자: "자녀의 컴퓨터게임 중독 실태는 어떠하였나요?"

부   : "친구들이 놀러 와도 밖에서 노는 것이 아니라 컴퓨터 게임 놀이를 하였어요. 공부와 숙제도 않고 밥 먹으라고 해도 "조금만요, 조금만요" 하면서 게임에 빠져들었어요. 밤늦게까지 오락만 하고 매일같이 늦잠을 자고 수시로 누나와 싸운다는 전화를 딸과 아들놈이 핸드폰을 해 대는 것이었어요…. 너무 게임에 빠지는 것 같아 한 달에 한두 번씩 시골에 아이들한테 가서 매를 대거나 벌을 주면 반항인지 저항인지 성질을 내고 소리를 지르며 거부를 하는 거예요. 그래서 시골에 갈 때 E-마트에 가서 게임 CD를 사 주면 삼 일이면 그 게임을 다 끝내는 겁니다. 그러면 다른 CD를 사 달라고 또 졸라 대며 저를 보채었죠…. 한번 게임을 시작하면 몇 시간이고 컴퓨터 책상 앞에 앉아 있었어요. 어떤 때는 밥을 컴퓨터 책상 앞에서 게임을 하면서 먹고 그랬죠. 자면서 게임 하는 꿈을 꾸는 모습을 본 적도 있었고요. 아이는 마치 자기가 게임 속의 주인공처럼 행동을 하였답니다."

면접자: "자녀의 컴퓨터게임 중독에 대한 부모의 자각 증세는 무엇이었나요?"

부   : "다들 밥 먹는데 밥도 제시간에 먹지 않죠. 게임 도중에 게임을 못 하게 하면 자기 성질을 못 이겨 부모한테 할머니한테 소리를 지르고 반항을 하죠. 그래도 못 하게

하면 심각한 상처를 입은 양 자기 방에서 나오지도 않아요. 그래서 가여워 게임을 다시 하게 하면 「스타크래프트」 게임을 한다고 밤 열두 시도 좋고 밤을 새우기도 하였죠. '조금만, 조금만' 하면서도 스스로를 억제하지 못해요. 쉽게 이길 수 있도록 치트키를 사용하여 게임에서 승리를 이끌어 가요. 친구들끼리 만나면 늘 컴퓨터게임 이야기이고 자기가 최고 잘하는 양 서로들 아는 체하고 어떤 때는 집에서 게임을 못 하게 하면 집 앞에 있는 문구점에 가서 전자 게임을 돈 넣고 하는데 뽐내려고 거기 가서 하는 겁니다. 그뿐이 아니에요. 게임을 못하게 억제했더니 정신적으로 금단 증상을 보이기 시작했어요."

면접자: "어떤 형태의 금단 증상이었나요?"

부 : "게임을 너무 많이 하여 눈을 깜빡거리는 증세가 한 달 이상을 했고요. 하지 말라고 중지시키면 금단 증상은 더욱 심하였어요. 그래서 눈을 깜빡거리는 것을 알면서도 조금씩 자제를 시켰으나 대답뿐이었죠. 멀리 떨어져 있으니까 인터넷으로 숙제도 봐주려고 인터넷을 가입시켰더니 아이들은 숙제보다는 인터넷을 하고 새로운 게임의 세계로 다시 빠지게 된 겁니다. 수많은 게임, 상대방과의 온라인게임 등 인터넷을 설치하자 아이들은 매일같이 밤잠을 설치며 오락만 했어요. CD게임 산다고 돈

을 달라고 하는 말은 줄었지만 인터넷에서 유료게임을 하겠다고 졸라 대기 시작했어요.「리니지」,「바람의 나라」를 해 달라고 졸라 댔죠. 안 해 주니까「바람의 나라」를 주로 하는데 용돈을 주면 PC방에 가서 친구하고 게임 하는데 돈을 다 날리고 왔답니다. 유료게임을 안 해 주니까 자기 나름대로 머리를 쓰기 시작하는 거예요. "용돈 주세요. 책을 사야 되는데. 준비물 사야 돼요." "나중에는 할머니 지갑 속에 있는 돈까지 손을 안 대는 곳이 없었어요. 그래서 몽둥이로 50대씩 엉덩이에 피멍이 들 정도로 때려 주기도 하였지요. 엄마, 아빠랑 떨어져 할머니와 살아서 할머니가 엄하게 키우지 않아서인가 싶은 생각도 들었지요. 아이의 할머니는 제가 올 때마다 아이들에게 매로 다스리니까 이제는 혼날 일도 얘기하지 않는 겁니다. 나중에 알고 보니 게임 때문에 가끔씩 학원에도 빠지고 학교 갔다 바로 집으로 오지 않고 늦을 때가 많았어요. 정말 제가 봐도 중독증에 완전히 걸린 거였어요."

면접자: "자녀의 컴퓨터게임 중독 극복에 대한 부모의 동기는 무엇인가요?"

부　　: "한두 가지 때문만이 아니었죠. 무엇보다 아이가 누나와 매일같이 싸우고 할머니 말을 듣지도 않고 대들고 성질부리고 성격이 난폭해지면서 혼자 집에 틀어박혀 있고 싶어 하고 이기적으로 아이의 성격이 변해 가기 시작했어요. 예전 같으면 가족끼리 외출이나 놀러 가면 잘 따라나서던 아이가 점점 자기만의 게임 속으로 빠지면서 밥 먹는 태도부터 모두가 제 마음에 안 드는 것이었습니다. 거짓말하며 PC방 들락거리고 할머니 주머니에 손도 대고 욕도 잘 하는 것을 보고 이렇게 놔두었다가는 아이를 버릴 것 같았어요. 자식을 사랑하다 보니 믿다 보니 내 자식이 잘못되어 가고 있음을 그동안 감지하지 못했어요. 그런데 나이를 먹을수록 생각이 올발라야 되는데 행동이 더 나쁜 행동만 하는 거예요. 그래서 아이를 중독에서 극복시켜야겠다고 마음을 먹었죠."

면접자: "자녀의 컴퓨터게임 극복 방법은 어떤 것이었나요?"

부 : "여러 가지 시도를 안 해 본 것이 없답니다. 몽둥이로 50대 때리는 것부터 내 성질을 못 참아서 아이를 많이 때렸습니다. 그렇게 실컷 내리고 오면 내 속도 안 편하죠. 그때는 한동안 통제가 돼요. 전화로도 파악할 수 있을 정도였어요. 그런데 또 몇 달 후에 가 보면 또 여전했어요. 그래서 제가 아이들을 못 돌보니까 학원을 여러 군데 보냈어요. 아이가 바빠 어쩔 줄 모를 정도로요. 보습 학원, 컴퓨터 학원, 태권도까지 학원을 다 끝내고 집

에 오면 저녁 시간이 되죠. 아무래도 시간이 없으면 게임을 많이 못 하니까요. 그리고 제가 시골 갔다 오면서 숙제를 잔뜩 내어 주죠. 그리고 아이를 구슬려서 살살 달래기도 했죠."

면접자: "어떻게요?"

부　　: "'네가 컴퓨터게임은 정말 잘한다. 그러나 컴퓨터는 게임만 할 수 있는 기능이 아니라 다양한 기능이 있다. 그것을 잘할 수 있어야 컴퓨터를 잘할 수 있는 것이다.' 하고 가르친 뒤 컴퓨터학원에 다니기로 아이와 서로 의견 일치를 보고 컴퓨터학원에 보냈어요. 아이가 컴퓨터학원에 1년 6개월쯤 다닌 후인 지금에는 한글타자, 엑셀, 인터넷 검색, 윈도우…. 그 외 여러 가지 기능을 잘 한답니다. 그래서 제가 숙제를 자주 내어 주죠. 그리고 무엇보다 제가 옆에서 끼고 키우는 것이 제일 나을 것 같아 지난 겨울방학 때 아이들을 모두 안양으로 데리고 와서 제가 키우고 있습니다. 일찍 퇴근해서 아이들 숙제를 점검하고 약속을 이행하지 않으면 가차 없이 회초리를 대더라도 끝까지 약속을 이행합니다. 아이는 이제 게임 중독에서 한글 타자 쪽에 관심을 더 두고 게임 시간도 조절하며 게임을 하고 있습니다."

면접자: "아이를 컴퓨터 중독에 빠지게 한 원인은 무엇인 것 같

습니까?"

부 : "제 아이가 컴퓨터게임에 중독된 이유는 제가 아이들에게 관심을 갖지 않고 너무 아이를 믿고 방치해 놓은 것이 큰 원인이었던 것 같습니다. 이제는 아이들이 무슨 게임을 하는지 지켜보고 시간을 정해 주고 같이 약속한 사항을 이행하지 않으면 조금도 용서하지 않는다는 것을 인식시켜 줍니다. 부모의 일관성 있는 태도와 사랑, 그리고 관심, 가족 간의 대화와 함께 하는 시간을 같이 하였더니 아이를 컴퓨터게임 중독에서 벗어나게 할 수 있었습니다."

면접자: "컴퓨터게임 중독에서 벗어난 지는 얼마나 되었나요?"

부 : "작년 겨울방학 때 거의 뿌리 뽑았으니 이제 만 3개월이 되었네요."

사례 3 - 초등 6학년생 민원규 이야기

1. 아동의 인적 사항

만 12세. 초등학교 6학년생으로 경기도 A 시에 살고 있는 남자 아이다.

2. 가족관계

아버지는 46세로 고졸의 학력을 가졌으며 4남 3녀의 둘째이며 장남이고 알루미늄새시업을 하고 있다. 어머니는 44세로 고졸의 학력을 가졌으며 1남 6녀의 여섯째이며 딸 중에서는 다섯째이다. 남편의 가게에서 경리 업무를 도와주다가 5년 전부터 전업주부로 일하고 있다. 어머니는 두 아이를 유산 후 연구 대상 아동을 힘들게 출산하였다.

1) 생육사

부모는 중매결혼을 하였으며 어머니가 33세에 출산하고 두 번의 유산 후에 태어난 아이라 과잉보호로 키우게 되었다. 아동의 아버지는 자식에 대한 애정과 관심이 없고 귀하게 얻은 자식인데도 제대로 안아 주거나 어디 데리고 다니는 일이 없었다. 연구 아동은 말을 잘 하지 않고 자기표현이 없는 편이고 소심하고 내성적이며 외아들이라 어머니는 의도적으로 똑똑한 이웃집 아들에게 자주 놀러 가고 친하게 지내게 하였다. 유치원 교육은 받지 않았으며 주 교육은 7세 때 학원 교육을 받았고 초등학교 3학년이 되면서 학업 성적이 부진하여 보습학원과 태권도 학원에 다녔다. 어머니가 책을 사다 주지만 독서를 싫어하고 공부에 흥미가 없고 어머니의 강압에 못 이겨 학원에 다니고 있다. 주 양육자는 어머니이다.

2) 대인관계

내성적이고 자기 표현력이 부족하며 말을 잘 하지 않고 언어가 불분명하다. 대중 앞에 나서기를 싫어하고 집안 친척이 놀러 와도 고개만 끄덕할 뿐 인사말은 혼자 중얼거리기만 한다. 친구를 많이 사귀지 못하는 소극적인 성격이고 아버지와 해야 할 말이 있어도 하지 않고 어머니에게 항상 의존하며 자발성이 부족하다.

3) 주 호소

연구 아동의 어머니는 면담 당시 크게 다섯 가지의 문제행동을 말했다.

첫째, 아이를 만나 면담 협조사항을 얘기하자 연구 아동의 어머니는 "제발 우리 아이 말문 좀 틔워 달라", "제발 수렁에서 좀 건져 내어 달라"고 했다. 그만큼 아이는 말수가 적었다.

둘째, 금단 증상으로 컴퓨터게임을 장기간 하지 않으면 다리를 떨고 눈을 자주 깜빡거리는 틱장애가 나타났고 불안, 초조현상의 문제행동이 나타났다.

셋째, 목소리에 힘이 없고 부정확하고 자신감이 없으며 사람을 기피하고 자기만의 고립된 세계에 빠져들어 있었다.

넷째, 공부에 흥미가 없고 학업 성적이 부진하며 앞날에 대한 계획이 없고 하루 평균 5시간 이상 게임을 하면서도 만족하지 않았다.

다섯째, 성질이 날카로워지고 신경질적이고 반항을 많이 하며 거짓말이 늘었으며 가족들과 어울리기 싫어하고 의사소통의 장애가 나타났다.

3. 아동 상담

면접자: "컴퓨터게임을 처음 시작한 시기는 언제인가요?"
아　동: "4학년 2학기 때 방학 때요."
면접자: "시작하게 된 이유는 무엇인가요?"
아　동: "친구들이 다 하니까요. 재미있으니까요. 맨 처음 PC방에서 해 보니까 재미있어서요. 친구네 집에서 하다가 집에서 하게 되었어요."
면접자: "하루에 몇 시간 정도 하나요?"

아 동: "4학년 때는 3시부터 밤 11시나 12시까지요. 6학년 때는 일어나자마자 해서 학교 갈 때까지요. 학원 갔다 와서 밤 열 시까지 했어요. 방학 때는 낮 열두 시부터 밤 열두 시까지 했어요. 태권도 학원 갔다 오는 시간 빼고요."

면접자: "한 달에 받는 용돈은 얼마인가요?"

아 동: "몰라요. 달라고 할 때마다 줘요"

면접자: "하루 중 부모님과 대화는 어느 정도로 하나요?"

아 동: "별로 안 해요. 30분 정도 해요. 아빠는 6시쯤 퇴근하지만, 아빠와 얘기 많이 안 해요. 주로 엄마와 얘기해요."

면접자: "컴퓨터는 누가 처음에 가르쳐 주어 알게 되었나요?"

아 동: "친구가 하라고 해서 하다 보니까 알게 되었어요."

면접자: "인터넷 설치는 언제 하였나요?"

아 동: "컴퓨터 살 때부터요."

면접자: "친한 친구들은 어떤 놀이로 방과 후에 시간을 보내나요?"

아 동: "컴퓨터게임이요. 게임 끝나고 축구하다가 축구 끝나면 다시 게임해요."

면접자: "자신의 성격은 어떻다고 생각해요?"

아 동: "친구와 어울려 노는 거 좋아하고 친구랑 인터넷 게임하는 거 좋아서 어울리는 것도 좋아요."

면접자: "컴퓨터게임을 처음에는 어느 정도로 하였나요?"

아 동: "모를 땐 별로 안 하고 재미있는 게임 나오면 많이 하게

되었어요. 학교 끝나고 두세 시부터 학원 가기 전 7시 정도까지 했고요. 학원 끝나고 밤 아홉 시 삼십 분쯤 되면 그때부터 한두 시간 더 했죠. 보통 학교 끝나고 밤 열 시까지 했어요."

면접자: "예전에 하던 컴퓨터게임 장소와 지금의 장소는 바뀌었나요?"

아 동: "그때도 제 방, 지금도 제 방이에요."

면접자: "'컴퓨터 중독'이라는 말을 들어 본 적이 있나요?"

아 동: "예."

면접자: "'컴퓨터 중독'이 뭐라고 생각하나요?"

아 동: "안 하면 손이 떨리고 밥도 안 먹고 게임하다가 죽는 거요."

면접자: "ㅇㅇ는 컴퓨터게임 중독이라고 느껴 본 적 있나요?"

아 동: "아뇨, 중독이 아닌 것 같아요."

면접자: "컴퓨터게임을 그만해야겠다는 생각은 안 들었나요?"

아 동: "할 거 다 하면 그런 생각이 들어요. 조금만 더 하다가 하고 그만둬야겠다고 생각해요."

(친척이나 친구에게 컴퓨터게임 CD를 빌린 적은 있고, 갖고 온 적은 없다.)

면접자: "컴퓨터게임을 그만해야겠다고 노력해 본 적은 없나요?"

아 동: "없어요."

면접자: "왜 없어요?"

아 동: "몰라요. 재미있어서요."

면접자: "요즘 친구들이 좋아하는 게임은요?"

아 동: "제일 좋아하는 게요, 「디아블로」고요, 그다음 온라인 게임인데 「웜젯게임」 그다음 「바람의 나라」, 「크레이지 아케이드」예요."

면접자: "왜 그런 게임을 좋아하는 것 같아요?"

아 동: "몰라요."

면접자: "○○가 제일 좋아하는 게임은 무엇인가요?"

아 동: "「리니지」가 제일 재미있고요. 그다음, 「퀴즈퀴즈plus」요."

면접자: "언제부터 컴퓨터게임에 푹 빠지게 되었나요?"

아 동: "5학년 2학기 때부터 6학년 2월 졸업할 때까지 많이 하게 되었어요."

면접자: "PC방에 가려고 부모님께 거짓말한 적은 있나요?"

아 동: "예, 있어요. 친구네 집에 간다고 거짓말하고 1시간 정도 PC방에서 게임 하고 왔어요."

면접자: "엄마에게 혼나면서도 컴퓨터게임을 계속하는 이유는 뭐예요?"

아 동: "안 하려고 해도 잘 안 돼요. 레벨을 올리기 때문에 올려 가지고 높아져서 아이템을 깨려고 점점 더 재미있어지니까요. 아이템을 사면 새로운 아이템을 사고 싶어 레벨을

올려서 깨고 싶어 계속하게 돼요. 마법도 배우니까요."

면접자: "마법이 뭐예요?"

아 동: "공격하는 거예요."

면접자: "게임을 안 하고 싶어질 때는 없나요?"

아 동: "게임을 해킹당하거나 아이템 없어지면 「리니지」에서 게임상에서 사기 당하면 그만하다가 다음 날 성질나서 「리니지」를 하게 돼요."

면접자: "하나의 게임을 정복하기까지 얼마의 시간이 걸리나요?"

아 동: "게임마다 다 달라요. 「디아블로」는 레벨 9를 만들려면 사람마다 다른데 한 달 정도면 레벨도 빨리 정복해요. 아저씨들은 토요일, 일요일 종일 하면 일주일 정도 걸려요."

면접자: "컴퓨터게임을 많이 하면 어머니가 어떻게 하시나요?"

아 동: "컴퓨터 코드 빼죠. 자로 손바닥 때려요. 컴퓨터 사용 1일 금지시켜요."

면접자: "컴퓨터게임 중독에서 벗어나기 위한 좋은 방법에는 어떤 것들이 있을까요?"

아 동: "인터넷을 없애면 돼요. PC방을 없애야 돼요. 인터넷을 정지시키고 마우스를 숨기고 자판기를 없애면 돼요."

면접자: "컴퓨터게임을 하면서 좋아진 것은 무엇인가요?"

아 동: "아이템 좋은 거 먹든가 레벨업을 할 수 있어요. 컴퓨터를 다룰 줄 알아요. 타자 실력이 늘었어요."

면접자: "컴퓨터게임 때문에 나빠진 점은 무엇인가요?"

아 동: "성격이 급해졌어요. 학교에서 게임하려고 빨리 오죠. 다른 일을 해도 빨리 끝내고 덤벙거리며 일을 제대로 못 끝내요. 엄마랑 많이 싸우게 되었어요. 밥을 조금 늦게 먹고 같이 안 먹고 배고프면 많이 먹고 게임에서 중요한 일 있으면 밥을 조금 먹고 다음에 먹고 밥 먹는 양도 적어졌어요. 게임 하면서 과자도 먹고 게임 하면서 밥 대신 라면을 먹어요. 게임 하면서부터 의자에 앉는 자세도 나빠졌어요. 숙제도 안 하고 학교 가고 학교 가서 숙제 해요. 늦잠 자서 지각한 적은 없지만 늦잠 자서 아침밥을 못 먹고 간 적 있어요. 게임하고부터 눈이 나빠졌어요(안경을 쓴다). 컴퓨터게임 하고부터는 TV에 나오는 자막글씨를 안경 끼고 봐요. 컴퓨터게임 하기 이전에는 축구를 많이 했는데 게임하고 난 뒤에는 집에서 친구들이랑 PC방에 가거나 인터넷에서 만나서 게임을 하며 놀아요."

면접자: "컴퓨터게임을 그만둘 생각은 없나요?"

아 동: "없어요."

면접자: "앞으로 어떤 직업을 갖고 어떤 일을 하고 싶은가요?"

아 동: "몰라요."

4. 민원규 모 상담

면접자: "컴퓨터게임 시작 시기와 계기는 언제인가요?"
모　　 : "초등 4학년 때 친구들도 모두 컴퓨터가 있고 김대중 대통령의 국민 1PC 차원의 컴퓨터 대중화가 되자 사 주게 되었어요."
면접자: "자녀가 컴퓨터게임을 시작한 이유는 무엇 때문인 것 같아요?"
모　　 : "무료하고 심심한 것 같아 하는 것 같아요. 외동이기 때문에 외로워서 더 많이 하는 것 같죠. 그래서 내가 아이 옆에서 게임 많이 하는 거 지켜본다고 감독하고 있죠."
면접자: "하루에 부모님은 자녀와 대화를 얼마나 하시나요?"
모　　 : "아빠는 성격적으로 ○○가 애기였을 적부터 잘 안 놀아 주고, 예뻐해 주지를 않았어요. 집에 오면 아빠는 '밥 달라'는 말밖에는 안 했어요. 그래서 ○○가 여성화되어 가는 것 같아요. 성격은 내성적이고 소심하고 수줍은 성격인 데 비해 친구는 잘 사귀는 것 같아요."
면접자: "자녀가 컴퓨터게임을 처음에는 어느 정도로 하였나요?"
모　　 : "4학년 때 처음 컴퓨터를 샀을 때는 게임이 없어서 별로 안 하고, 한두 시간 하였는데, 인터넷에 가입하면서부터 본격적으로 게임을 시작하였어요. 인터넷 가입은 처

음부터 하였어요. 게임 때문에 설치해 주었죠."

면접자: "자녀가 컴퓨터게임 중독이 되었다고 느낄 때까지의 정도는 어느 정도였나요?"

모 : "하루라도 컴퓨터게임을 안 하면 죽는 줄 알아요. 작은집에 간다고 영흥도 섬에 1박 2일로 갔는데 게임을 하고 싶어 작은엄마가 운영하는 식당에 있는 만두를 으깨어 부수고 문지르고 소리 지르며 집에 가자고 재미없어 하였어요. '앞으로 절대로 고모네 집이나 작은집에 안 간다, 심심하다'고 하며 가족끼리 나가기를 싫어해요. 친척 예식장이나 이모네 집에도 안 가려고 해요. 외출하는 것은 안 가고 싶어 하고, 혼자서 집에 박혀 게임을 더 하고 싶어 해요."

면접자: "부모님이 느끼는 자녀의 컴퓨터게임 후 나빠진 것은 무엇인가요?"

모 : "장시간 의자에 구부정하게 앉아 있으니까 자세가 안 좋아져서 하체가 부실하고 허리가 굽었죠. 눈도 나빠지고 컴퓨터게임 하기 이전에는 안경을 안 썼는데 시력이 0.5/0.6으로 나빠져서 칠판 글씨도 안 보인답니다. 아침에 늦게 일어나니까 밥도 못 먹고 학교 가느라 속이 안 좋아졌어요. 컵라면 인스턴트를 좋아하고 목소리도 작아졌고 엄마가 말을 시켜도 응답도 않고, 컴퓨터하며

다리도 떨고 학교 성적이 부진하죠. 자는 시간은 매일 같이 컴퓨터게임 하느라 11:30분이나 밤 열두 시가 되어서 자고 아침 8시에 일어나죠. 학교가 바로 집 앞이라 지각은 안 하지만 거의 매일 아침은 못 먹고 다니죠. 눈 뜨자마자 학교 가기까지 또 게임을 하니까요. 오로지 게임이에요. 영어 단어는 하루에 한 개씩 인색하게 외우면서 오로지 게임이에요. 책은 읽는 일이 없어요. 게임 CD는 가방에 넣어 다니며 친구랑 바꾸기도 하데요. 엄마랑 많이 싸우고 말대꾸도 늘었어요. 전에 보다 신경질적으로 변하고 말끝마다 '짜증 나, 짜증 나.' 하며 컴퓨터에다 대고 욕도 하고 친구들끼리 욕도 잘해요. 채팅하면서 자기네들끼리 쓰는 은어, 이상한 말을 많이 쓰고 내가 강제로 컴퓨터 코드를 빼면 다른 거 할 줄은 모르고 대낮에 잠을 자려고 해요. 밤에 자라고 해도 살금살금 일어나 어른 모르게 게임을 하기도 해요. 게임 때문에 글씨도 잘 안 쓰고 숙제도 건성건성 하고 숙제는 뒷전이고 학교 갔다 오자마자 컴퓨터게임부터 해요. 저 할 일은 뒤로 미루어 놓고 준비물은 미리 안 챙기고 아침에 챙기고요. 컴퓨터게임을 학원 가기 몇 초 전까지 해요. 전화가 와도 말할 줄도 모르고 그냥 전화기를 귀에 갖다 대기만 하고 그 와중에도 게임자판기를 두드리고 상대방 전화 말만 하죠. 뭘 물어봐도 대답도 않고 툭 하면 전화하는데 내용은 친구들과 오락 이야기 '왜 오락 안 하냐, 안 하면 엄마가 한다. 지우지 말고 들어와라'는 내용이죠. 또 컴퓨터를 못 하게 했더니 눈을 자주 깜빡거리며 틱장애인지 이상한 증상이 나타났어요."

면접자: "자녀를 컴퓨터 중독에서 벗어나게 하려고 부모님이 실시한 방법은 어떤 것이 있었나요?"

모   : "손바닥을 자로 때리기도 하고 인터넷을 한 달 정도 끊기도 했고, 마우스를 감추고 공부는 오락처럼 하고 오락은 공부처럼 하라고 타일러도 봤고 컴퓨터 코드를 빼고 안 끄면 또 때렸죠. 5대요. 운동장에 운동하러 가자니까 이제는 컸는지 안 따라가려고 하고 아빠는 아이한테 잔소리도 않고, 그냥 자라고만 하고, 그래도 안 자면 아빠는 '이 새끼 ㅇㅇㅇ' 하며 아이에게 욕하죠. 어렸을 때는 같이 시장에도 다니고 데리고 다녔는데 초등학교를 졸업히고 나니까 사춘기인지 말도 안 듣네요."

면접자: "컴퓨터게임 중독 극복 과정에서 힘이 드는 것은 무엇인가요?"

모   : "때 되면 밥을 먹어야 되는데 안 먹고, 먹는 것도 신경 안 쓰고, 아이는 밥 먹는 시간도 아까운가 봐요."

면접자: "자녀의 컴퓨터게임 사용 시간은 하루에 몇 시간 정도인

가요?"

모 : "처음에 4학년 때는 학교 갔다 오면 3시부터 학원 가기 전 7시까지 하고 열두 시까지 또 세 시간을 하니 하루에 여섯 시간 이상은 족히 하나 봐요. 방학 때는 그것보다 훨씬 더 많이 하죠."

면접자: "컴퓨터게임을 함으로써 자녀에게 좋아진 점은 무엇인가요?"

모 : "타자 실력이 늘었죠."

면접자: "부모님이 자녀의 컴퓨터 중독을 고치지 못하는 이유는 무엇이라고 생각하나요?"

모 : "통제력을 키워 줘야 되는데 자식을 믿으니까 알아서 그만둬 주길 바라는 마음에서 그런 것 같아요. 또 엄하질 못해서 중학생이 되니까 이제 크니까 말을 안 들으려고 하니까 잘 안 되는 것 같아요. 무엇보다 아빠가 자식한테 신경을 안 쓰고 엄마한테 맡겨 놓고 무관심하니까 더 안 되는 것 같아요."

사례 4 - 초등 6학년생 안정현 이야기

1. 아동의 인적사항

만 12세. 초등학교 6학년으로 경기도 S 시에 살고 있는 남자아이이다.

2. 가족관계

아버지는 40세로 대학 졸업의 학력을 가졌으며 1남 1녀의 첫째로 건설직에 종사하고 있다. 어머니는 36세로 방문판매업을 하고 있으며 대졸의 학력을 가지고 있다. 그 외 가족으로는 남동생 1명이 있다.

1) 생육사

주 양육은 어머니가 하였으며 연구 아동이 3학년 때까지 어머니는 전업 주부로 있었다. 연구 아동이 3학년이 되면서 연구 아동의 아버지의 건설업이 경기가 좋지 못하여 그때부터 어머니가 같이 맞벌이를 시작하게 되었다. 5세 때는 학습지를 방문교사가 가르쳐 주었으며 6, 7세 때까지는 유치원에 다녔으며 계속해서 하던 학습지는 아이가 스트레스 쌓일까 봐 4학년 때 끊었으며 연구 아동이 5학년 때부터 컴퓨터 학원에 다니고 있었다. 현재 속셈, 피아노, 컴퓨터 학원에 다니고 있고 그동안 다양하게 바둑 학원, 피아노, 수영 교육을 받아 왔다.

2) 대인관계
내성적이고 숫기가 없어 남 앞에 나서기를 싫어하지만 친구들은 잘 사귀는 편이며 남을 배려할 줄 알며 온순한 성격이다.

3) 주 호소
컴퓨터 중독에 관해 다섯 가지 어려움이 있었다고 연구 아동의 모는 말했다.
첫째, 가족과 함께 지내기 싫어하고 혼자 있고 싶어 하였다.
둘째, 동생과 자주 싸우고 폭력적, 신경질적인 성격으로 바뀌었다.
셋째, 컴퓨터게임을 하느라 움직임이 적어지고 그로 인해 몸이 허약해졌다.
넷째, 거짓말을 하며 PC방에 다니고 학업을 소홀히 하였다.
다섯째, 친구가 없어졌고 자기 할 일을 잘하지 못하였다.

3. 아동 상담

면접자: "컴퓨터게임을 처음 시작한 시기와 계기는 무엇인가요?"

아 동: "초등학교 3학년 때 컴퓨터를 사면서 게임을 시작하였는데요. 하게 된 것은 그냥 재미있으니까요. 그리고 친구들이 다 게임을 하는데 나도 할 줄 알아야 같이 이야기를 할 수 있으니까 하게 되었어요."

면접자: "컴퓨터를 하다 보면 나도 모르게 빠지게 되는데 그 이유는 무엇인 것 같아요?"

아 동: "친구와 싸울 수도 있고요. 게임 속에서 레벨 업을 할 수 있거든요. 그런 데서 오는 승부욕 때문에 나도 모르게 빠지는 것 같아요."

면접자: "컴퓨터게임은 처음 누구한테 배우게 되었나요?"

아 동: "처음에 컴퓨터에 대해 아무것도 몰랐을 때는요, 친척 형이 와서 컴퓨터게임을 가르쳐 주어서 알게 되었어요. 친척 형(중2)이 게임을 깔아 주기도 하고 가르쳐 주어 알게 되었고요. 친구들끼리 서로 가르쳐 주게 돼 알게 되었어요."

면접자: "컴퓨터게임을 하기 위해 부모님께 거짓말을 한 적은 없나요?"

아 동: "예, 있어요. 뭐 사 먹는다고 하고 용돈 받아서 PC방에 가기도 하고 친구 집에서 논다고 하고 PC방에 간 적이 있어요."

면접자: "그러다 들킨 적은 없나요? 있다면 부모님은 어떻게 하셨나요?"

아 동: "엄마 오실 시간보다 늦게 집에 가서 들켰죠. 부모님께 손바닥 맞고 벌 받았죠."

면접자: "ㅇㅇ이는 스스로가 컴퓨터게임 중독이라고 느낀 적은 없나요?"

아 동: "없어요. 요즘 친구들 저보다 훨씬 더 많이 하는 친구도 있는걸요."

면접자: "예전에 게임 많이 할 때는 하루 몇 시간 정도 게임을 하였나요?"

아 동: "저녁 늦게 밤 열두 시 될 때까지 한 적도 있고요. 하루에 네 시간 이상씩 했어요. 어떤 때는 부모님이 주무실 때까지 기다렸다가 혼자 몰래 일어나 한 적도 있었어요."

면접자: "학원은 몇 군데 다니고 있나요?"

아 동: "속셈, 피아노, 컴퓨터학원 세 군데 다니고 있어요."

면접자: "한 달에 받는 용돈은 얼마 정도인가요?"

아 동: "매일 오백 원씩 받아요."

면접자: "작년에 컴퓨터게임을 많이 하다가 요즘 많이 하지 않게

된 이유와 계기는 무엇인가요?"

아 동: "작년 겨울방학 때쯤 컴퓨터가 바이러스에 걸렸어요. 그 때부터 엄마가 인터넷도 중지하고 컴퓨터를 고쳐 주지 않아서 못 하고 있죠."

면접자: "컴퓨터 고장 이후에 PC방에 자주 가거나 친구네 집에서 오락하러 간 일이 많지 않았나요?"

아 동: "아뇨. 엄마가 PC방에 가는 돈은 안 줘요. 그래서 가끔 친구네 집에는 가지만, 게임을 예전처럼 많이 하지는 않아요."

면접자: "○○이가 컴퓨터게임을 많이 할 때 부모님의 지도 방법은 어땠나요?"

아 동: "컴퓨터를 들었다 놓았다 하며 부순다고 하기도 하고 가위를 갖고 와서 컴퓨터 선을 자른다고 하고, 코드를 빼고 때리기도 했죠."

면접자: "부모님이 화가 나서 그렇게 컴퓨터게임을 못하게 하는데도 계속하게 되는 이유는 무엇인가요?"

아 동: "게임 속에서 레벨을 올리기 때문에 그 레벨을 올리면 아이템을 깰 수도 있으니까요. 점점 성취욕 때문에 재미가 있으니까요."

면접자: "컴퓨터 고장 후 게임을 적게 하게 된 기간은 얼마나 걸렸나요?"

아　동: "5개월 정도 지났어요."

면접자: "컴퓨터게임 중독 이후 나빠진 ○○의 행동은 무엇인가요?"

아　동: "눈이 나빠졌고 밥 먹는 태도가 나빠졌죠. 컴퓨터 앞에서 밥을 비벼 먹고, 안 치우고 빨리 먹으니까 소화가 안 되죠. 동생과 자주 싸우게 되니 부모님 속상하게 한 게 나쁘죠. 또 공부하거나 시험 칠 때 시험지를 덤벙거리며 읽느라 답을 틀리게 쓰니까 나빠진 게 여러 가지 있죠."

면접자: "집에 컴퓨터가 고장이 난 후 자신의 할 일을 다 잘하면 부모님이 어떤 식으로 컴퓨터게임을 허용했나요?"

아　동: "일주일에 한 번씩은 PC방에 가기로 했구요. 그래서 토요일 날은 부모님이 PC방에 가라고 돈을 천 원씩 줘요."

면접자: "컴퓨터가 고장이 난 것 말고 부모님이 ○○에게 어떻게 했더니 컴퓨터게임 중독에서 벗어난 것 같아요?"

아　동: "학원을 세 군데나 다니니까 시간이 없잖아요. 학원 갔다 오면 저녁 먹을 시간이고, 또 5학년 때 엄마가 컴퓨터학원을 보낸 게 도움이 되었던 것 같아요. 컴퓨터 학원 가면 오락보다는 문서 작성이나 타자 치는 실력을 키우잖아요. 집에 와서도 타자를 쳐야 되니까 컴퓨터게임을 좀 덜 하는 것 같아요."

면접자: "컴퓨터게임 중독 당시와 요즘의 놀이 형태는 어떻게 달

라졌나요?"

아 동: "컴퓨터게임을 많이 할 때는 나 혼자 방에서 컴퓨터게임을 하면서 놀았는데 요즘은 친구들과 가끔 밖에 나가 축구도 하고 롤러블레이드도 타고 달리기도 하고 놀아요."

면접자: "앞으로 ○○이는 어떤 직업을 갖고 싶어요?"

아 동: "컴퓨터 공부를 많이 해서 컴퓨터 쪽에서 일하고 싶어요."

4. 안정현 모 상담

면접자: "자녀가 컴퓨터게임을 처음 시작하게 된 이유, 계기는 무엇이라고 생각하나요?"

모   : "애기 때부터 전자오락부터 시작을 했죠. 그때는 TV에 연결해서 하는 것, 팩을 끼우는 것 있잖아요. 집에서 TV 보는 것을 방해하니까 집 근처 오락기에 가서 백 원짜리 넣고 하는 것부터 하다가 어느 날 컴퓨터가 집에 들어오고부터 컴퓨터게임을 하기 시작하였죠."

면접자: "컴퓨터 구입은 언제 하였나요?"

모   : "3년 전 아이가 초등학교 3학년 때 샀어요."

면접자: "컴퓨터를 사고부터 컴퓨터게임 시간은 어떠했나요? 무엇 때문에 게임을 많이 하는 것같이 느껴졌나요?"

모   : "게임이 재미도 있고 다른 것에는 승부욕을 못 느끼는

것 같았는데, 게임에 있어서는 레벨을 올리니까 승부욕이 있어서 애들끼리 하다 보면 그걸로 인해서 더 하게 되는 것 같아요. 누구는 어디까지 올라갔으니까 서로들 인정해 주고 그러는가 보더라구요. 그런 얘기를 듣고 온라인게임을 돈을 주고 직접 사기도 하나 봐요."

면접자: "게임상에서 사는 것이 아니라 실제로 현금으로 거래를 한다는 말인가요?"

모 : "네, 직접 현금으로 사기도 하나 봐요. 저번에 저희 아들이 '엄마, 내 게임을 팔면 몇십만 원(실거래가) 받을 수 있어요' 하는 거예요."

면접자: "자녀는 직접 게임을 사고팔거나 하지는 않았나요?"

모 : "네, 제가 보기에는 그런 적은 없는 것 같아요."

면접자: "자녀가 컴퓨터게임을 어떤 방법으로 배우는 것 같아요?"

모 : "사촌형이나 친구들끼리 서로 가르쳐 줘서 아는 것 같아요. 요즘 애들은 가르쳐 주지 않아도 능수능란하게 잘 하는 것 같더라구요."

면접자: "자녀의 성격은 주로 어떤 성격인가요?"

모 : "내성적이고 숫기가 없어 남한테 나서서 말하기를 싫어하고 수줍은 성격이에요. 그러나 학교 가면 친구들은 잘 사귀는 편이고 남을 배려할 줄 아는 아이예요. 어른도 무서워하고 특히 아빠를 무서워하고 온순한 편이에요."

면접자: "자녀가 언제부터 컴퓨터게임에 빠지는 것 같던가요? 처음부터 빠지지는 않았을 거잖아요?"

모   : "처음에는 조금씩 하였죠. 그런데 제가 일을 나가니까 아무래도 컴퓨터게임을 더 많이 하는 것 같았어요. 제가 퇴근해서 올 때까지 컴퓨터 앞에 앉아 있었거든요. 4학년이 되니까 그때부터 빠지기 시작하여 5학년 때까지 가장 많이 했던 것 같아요. 밤을 새며 하다 들킨 적도 있었으니까요."

면접자: "자녀가 '컴퓨터게임 중독'이라는 것을 언제쯤 느꼈나요?"

모   : "돈만 있으면 PC방에 가고 친구랑 수시로 어울려 용돈 가지고 어떤 때는 돈 없이 PC방에 다녔어요. 아이는 '엄마, 천 원만' 하며 수시로 돈 달라고 보채었죠. 게임을 많이 할 때는 새벽 두 시, 세 시까지도 하는 거예요. 그뿐이 아니에요. 엄마, 아빠 잘 때까지 기다렸다가 자는 척하고 자기 방에서 몰래 일어나 게임을 하고 들키면 자는 척했죠. 거짓말도 하였어요."

면접자: "새벽 두 시 세 시까지 할 때는 일주일에 몇 번 정도였나요?"

모   : "거의 일주일에 한두 번씩이요."

면접자: "부모님 모르게 거짓말하며 PC방에 드나든 적은 없었나요?"

모   : "왜 없어요. PC방에 못 가게 하니까 이제는 거짓말까지 하면서 PC방에 다니고 있었어요."

면접자: "그런 때 부모님은 어떻게 하셨나요?"

모　　: "때렸죠. 근데 때리니까 더 거짓말을 하더라구요. 그래서 애 아빠랑 약속을 정하고 구슬려 가며 할 일을 하고 '약속을 이행하면 토요일, 일요일에 한 시간씩 PC방에 보내 주겠다'고 약속을 했죠."

면접자: "자녀가 컴퓨터게임 중독 때문에 나빠진 중독실태는 무엇인가요?"

모　　: "많죠. 책상에 발을 올리고 누워서 컴퓨터게임 하느라 자세가 나빠졌죠. 하루 종일 컴퓨터 앞에 있으니 움직임이 적어졌죠. '조금만요, 조금만요' 하면서 중지하지 못하고 그만하라고 혼내면 잘 삐치고 자기 방에 문을 '쾅' 닫고 들어가서는 나오지도 않죠. 동생이 게임 좀 하자고 하면 뭐라고 하며 때리고 받고 하며 잘 싸웠죠. 아침에 늦잠 자서 못 일어났죠. 형이 게임만 하니 작은아이까지 한동안 컴퓨터게임 중독에 빠진 적이 있었어요. 6살 된 작은애도 아침에 같이 못 일어났죠."

면접자: "자녀의 컴퓨터게임 중독 극복을 위해 부모님께서 지도하신 방법은 어떤 것이 있었나요?"

모　　: "여러 가지 다 해 보았지요. 처음엔 때렸어요. 회초리로 손바닥도 때리고 엉덩이도 때렸어요. 그랬더니 그건 그때뿐이고 때릴수록 아이는 거짓말을 하며 PC방에 다니며 제 속을 상하게 했죠. 잔소리도 했고 큰소리도 질러 보고 나중엔 구슬렸죠. 수시로 아이와 함께 이야기를 했어요."

면접자: "어떤 식으로 이야기를 하였나요? 극복하게 된 결정적인 계기는 무엇이었나요?"

모　　: "'PC방에 가고 싶으면 엄마가 보내 주겠다. 대신 네가 할 일을 다 하고 스스로 잘하면 보내 주겠다.' 하며 약속을 정했죠. 그러면서 아이의 산만한 성격을 좀 고쳐 주려고 바둑도 가르쳐 주었죠. 그러다가 아이를 컴퓨터학원에 보내기로 하고 피아노학원도 보내었죠. 그리고 무엇보다 작년 겨울방학 때 컴퓨터가 바이러스에 걸려 그때부터 못 하게 되니까 중독 극복에 큰 계기가 된 거죠."

면접자: "컴퓨터게임을 못 하게 하려고 학원을 여러 군데 보내신 건 아닌가요?"

모　　: "아니에요. 피아노는 유치원 때부터 4학년 때끼지 했고, 수영도 시켰죠. 컴퓨터게임 때문에 보낸 적은 없고 아이가 좋아해서 보냈죠. 아이가 스트레스 쌓일까 봐 학습지는 4학년 때 끊었죠. 그리고 학교에서 수업시간에 잘 들으라고 항상 타이르고 지금은 속셈, 피아노, 컴퓨터학원 세 군데 다니고 있어요."

면접자: "컴퓨터학원에는 언제부터 다니게 되었나요?"

모 : "5학년 때부터 다니게 되었고 일 년 정도 되었어요."

면접자: "자녀의 컴퓨터게임 중독 시 아버지는 어떻게 지도하셨나요?"

모 : "처음엔 때리고 하였는데, 역효과인 것을 알고 아빠도 저와 같이 아이와 같이 약속을 정했죠. 아이가 아버지는 무서워하거든요. 약속 이행하면 PC방에 토요일 날 1시간 정도 보내 준다는 약속을 했죠. 그리고 아빠가 데리고 다니면서 계곡에 가서 고기 잡는 법도 가르쳐 주고 아이와 방학 때가 되면 남편이 영화를 다섯 편, 여섯 편씩 보여 주었죠."

면접자: "그 외 교회나 성당에 데리고 다니시지는 않았나요?"

모 : "네, 그랬어요. 저는 서울 시흥에 있는 교회에 다니는데 아이가 한동안 컴퓨터게임 때문에 교회에 안 다니려고 했어요. 주말에 헌금을 주면 그 돈을 어디에 쓰는지 다 쓰고 오고 놀러 갔다 오고 그랬죠. 그래서 제가 데리고 다녔죠. 어린이 예배가 9시인데 이제는 대예배 시간인 11시에 같이 교회에 나가요. 그러니 애는 한 시간 동안 몸을 비틀고 난리가 나요. 요즘은 좀 덜 하지만요."

면접자: "컴퓨터게임 중독이라고 느낄 때와 중독에서 벗어났다고 느낄 때까지 어느 정도의 차이가 있었나요?"

모 : "중독이라고 느낄 때는 아이가 하루 종일 집에서 컴퓨터게임만 했었는데 요즘은 한두 시간 정도 하고 자기 할 일 하면서 하니까 자연스럽게 중독에서 벗어나서 제 일을 하니까 그 차이인 것 같아요. 아이의 눈을 딴 데로 돌리니까요. 중독에서 벗어났다고 할 수 있죠. 중독 당시에는 매일 같이 동생과 싸우고 혼나고 욕도 잘 했는데 요즘은 타자를 많이 치고 제가 잔소리를 덜 하게 되죠."

면접자: "어떤 식으로 다른 데로 눈을 돌리게 하였나요?"

모 : "컴퓨터학원에 보낸 후 8, 9개월 후에 학원에서 워드 자격증 3급 시험을 따고 1급을 준비했죠. 그 자격증을 따더니 성취욕이 생기는지 게임을 덜 하였고 이제는 만화책을 보는 쪽으로 눈을 돌렸죠. 깊이는 없지만, 책보는 쪽으로 흥미를 유도하고 이제는 컴퓨터를 잘하려면 영어를 잘해야 한다고 영어학원에 보낼 생각이에요."

면접자: "컴퓨터게임 중독으로 인해 나빠진 것은 무엇인가요?"

모 : "책상에 발 올리고, 누워서 게임하니 자세가 나빠지죠. 움직임이 적어지죠. 많이 하고 싶을 때 '조금만 더 할게요.' 하고 끄지도 않고 소리 지르고, 삐지기도 잘 하죠. 문을 쾅 닫고 자기 방에 들어가서 삐지고 안 나오죠. 동생이 뭐라고 하면 시비 걸며 울리고, 폭력적으로 변하죠. 수학시험 칠 때 문제를 제대로 읽지 않아 다 틀리고

20점을 받아 오죠. 한두 가지가 아니죠. 밥도 제시간에 제 장소에서 먹지 않고 컴퓨터 앞에서 비벼 먹으며 급하게 빨리 먹어 소화도 안 되죠. 거짓말 시키는 것도 늘었죠. 안 씻기 때문에 지저분해지죠. 매일같이 저랑 싸우니까 집 안이 시끄럽죠. 정말 컴퓨터 고장 난 것이 잘되었다 싶을 정도로 아이에게 나쁜 행동이 많았어요."

사례 5 - 초등 6학년생 박찬우 이야기

1. 아동의 인적 사항

만 12세. 초등학교 6학년으로 경기도 K 시에 살고 있는 남자아이이다.

2. 가족관계

아버지는 41세로 대학 졸업의 학력을 가졌으며 1남 1녀의 막내이고, 대기업에 다니다가 3년 전에 전문자격증을 따서 법률 계통의 전문직에 종사하고 있다. 어머니는 38세로 대학원 졸업의 학력을 가졌으며 4남 1녀의 넷째이며 유치원을 경영하고 있다. 그 외 가족으로는 여동생 1명이 있다.

1) 생육사

부모는 중매결혼을 하였으며 어머니는 연구 아동이 6세 때까지 전업주부로 일하다 연구 아동이 7세가 되면서 유치원을 경영하게 되었고 주 양육자는 어머니이다. 5세부터 6세 때까지 어린이집에 다녔고 7세 때부터 초등학교 3학년 마칠 때까지 어머니가 운영하는 유치원에 다녔다. 아동의 방과 후 생활은 어머니의 유치원 방과 후반에서 주로 하였다. 3학년이 되자 어머니는 대학원 공부를 시작하였으며 어머니가 대학원 수업이 있는 날은 아버지가 일찍 퇴근해서 아이들을 돌봐 주었다. 초등학교에 다니면서도 특별히 학원 교육을 받은 것은 없고 몸이 왜소하여 초등학교 3학년이 되면서 태권도와 검도 학원에 2년 반 정도 다닌 적이 있으며 거의 모든 교육은 어머니가 집에서 하였다. 연구 아동의 취미는 독서였다. 연구 아동의 어머니는 아동이 5세 때부터 어머니가 함께 도서관을 다녔고 연구 아동의 어머니는 아동과 함께 서점에 가서 책을 고르는 등 일찍부터 책과 친해지는 교육을 시켰다. 아동은 한 군데서 책을 끝까지 다 보아야 일어나는 몰입형의 성격이었다.

2) 대인관계

유치원을 졸업할 때까지 재롱잔치를 하거나 대중 앞에 설 때 손으로 얼굴을 가릴 정도로 남 앞에 나서는 것을 싫어했다. 아는 것은 많지만 손을 들고 발표하는 것이 부족했으며 키가 또래들보다 작고 왜소하여 심리적으로 위축감을 느끼며 친구들이 붙여 주는 "꼬마"라는 별명에 스트레스를 받기도 하였다. 친구들은 잘 사귀나 반 전체 아동과 다양하게 친한 것은 아니며 소그룹으로 마음에 드는 친구를 깊이 사귀는 편이다. 운동을 시작하면서부터 자신감이 생겨 발표도 잘하고 활달하게 놀기도 했으나 여전히 대중 앞에 나서는 것은 좋아하지 않는 성격이다.

3) 주 호소

컴퓨터 중독에 관해 크게 다섯 가지 어려움이 있었다고 연구 아동의 모는 말했다.

첫째, 내성 증상으로 컴퓨터게임에 하루 평균 5시간 이상의 많은 시간을 소모해야 만족을 얻었다.

둘째, 장기간 컴퓨터게임 사용을 중지시키면 금단 증상이 나타났다. 불안, 초조, 허전하며 손가락으로 아무 데서나 자판 두드리는 시늉을 하며 눈이 뻑뻑하고 눈물이 나오지 않고 안구 건조증과 눈을 자주 깜빡거리는 틱장애도 나타났다.

셋째, 컴퓨터 앞에서 인스턴트 음식을 먹고 제시간에 밥을 먹지 않아 성장 발달에 장애를 가져왔고, 기다리지 못하고 인내심이 부족해졌다.

넷째, 밤을 새워 컴퓨터게임을 하느라 수면장애를 겪고 있고, 학업태도가 불량하여 생활 태도, 청결에 문제를 가져왔다.

다섯째, 좋아하던 독서를 소홀히 하고 동생과 자주 싸우고 혼자 고립된 생활을 하려고 하고, 신경질적, 폭력적인 아이로 변하였다.

3. 아동 상담

면접자: "컴퓨터게임을 처음 시작한 시기와 계기는 무엇인가요?"

아 동: "초등학교 1학년 때요. 친구들이 해 보라고 해서 재미있을 것 같아서 하게 되었어요."

면접자: "해 보니까 어떤 것 같았어요?"

아 동: "재미있었어요. 성취감을 느꼈죠."

면접자: "컴퓨터게임을 하는 장소는 주로 어디인가요?"

아 동: "주로 집에서 하구요. 이사 오기 전에 학교 근처 동사무소에서 인터넷게임을 하러 자주 갔죠."

면접자: "학원을 다니거나 과외수업을 받고 있나요?"

아 동: "작년까지는 검도학원에 다녔는데 이사 오고 난 후 요즘은 학원에 안 다니고 있어요."

면접자: "왜 부모님이 학원을 안 보내시는 것 같아요?"

아 동: "6학년이라 제가 학교에서 늦게 오고 학교에서 컴퓨터 교육 받고 오는 날은 더 늦거든요. 이사 온 지 얼마 안 돼서 친구들도 사귀고 적응하라고 아직 학원을 보내지 않는 것 같아요. 그리고 제가 학원을 안 다니려고 하니까 안 보내는 것 같아요."

면접자: "학원엘 다니지 않기 때문에 컴퓨터게임을 더 많이 하거

나 그러지는 않나요?"

아 동: "컴퓨터게임에 중독되었을 때는 학원에 다녀도 게임을 많이 했어요. 그러나 컴퓨터게임 중독에서 벗어난 이후부터는 학원에 다니지 않아도 컴퓨터게임을 많이 하지는 않아요. 엄마가 매일 하라고 내어 주시는 학원용 교재를 집에서 하루에 4쪽씩 수학 문제를 풀어요. 그리고 중국어 교재를 사서 부모님이 직접 공부를 가르쳐 주시는데 그 테이프를 아빠 퇴근하시기 전까지 듣고 테스트를 해야 하거든요. 그리고 밖에 나가서 놀아야 하기 때문에, 학원에 다니지 않아도 컴퓨터게임을 이제는 많이 하지 않아요."

면접자: "컴퓨터게임 중독 극복 이후 요즘 주로 노는 놀이는 어떤 것들인가요?"

아 동: "자전거 타기, 롤러블레이드 타기, 카드놀이, 팽이치기, 도미노게임, 친구, 동생과 놀이터에서 '얼음땡' 하며 놀아요. 또 집 근처 운동장이니 체육공원에 가서 달리기도 하고 약수터에 가서 물도 떠 오고 가족들과 관악산에 등산도 가고 집 앞 냇가에 나가 놀기도 하고 물가에서 '물찬 제비'라고 돌을 물에 던지는데 물 위를 튀어 가는 것이에요. 그리고 냇가에 가서 물고기도 잡으며 놀아요. 물고기 잡으면서 자라도 잡았어요."

면접자: "컴퓨터게임 중독 당시에 ○○의 성격은 어떠하였으며 어떤 때 컴퓨터게임 중독에서 극복한 것 같아요?"

아 동: "컴퓨터게임 중독 당시에는 친구들을 잘 사귀지 못했고 말이 없고 많은 사람들 앞에 나서기를 꺼려했고 발표를 많이 하지 않아 쑥스러워했고 컴퓨터게임을 할 때 심부름을 하기 싫어하고 성질이 급하였어요. 그런데 중독 극복 이후 요즘의 성격은 그 반대가 되었어요. 발표도 잘하고 친구들과도 잘 어울려 놀고 밖에서 많이 뛰어 놀다 보니 성격이 활발해지고 선생님이 "○○가 예전보다 많이 까분다"고 할 정도로 명랑해졌어요. 그런데 심부름을 잘하지 않는 것은 아직 고쳐지지 않았어요. 또 중독 당시에는 어른을 만나도 대충 인사하고 상대방 말을 귀담아듣지 않고 두세 번씩 말을 해야 대답을 했고 성질이 나빴어요. 이제는 그렇지 않아요."

면접자: "부모님이 심부름을 시키면 컴퓨터게임 때문에 동생에게 떠맡기거나 하기 싫다고 한 적이 많이 있나요?"

아 동: "예, 아직 그게 잘 고쳐지지 않고 동생에게 많이 떠맡기는 편이에요."

면접자: "컴퓨터게임을 처음에는 어느 정도로 하였나요?"

아 동: "처음에는 재미있는 게 없어서 한 시간 정도 하다가 그 뒤에 재미있는 게임이 점점 더 생겨나서 점점 더 세 시

간에서 다섯 시간 이상 하게 되었어요."

면접자: "컴퓨터게임에 중독되었을 때는 몇 학년 때였나요?"

아 동: "3학년 2학기 때 막 4학년이 되려고 할 때부터 5학년 여름까지 푹 빠지게 되었어요."

면접자: "왜 그 시기에 많이 빠진 것 같았나요?"

아 동: "3학년 때 점점 재미있는 게임이 많이 나왔고, 3학년이 되니까 머리가 더 좋아져서 게임을 하는 게 재미있어졌어요."

면접자: "게임을 많이 할 때 하루에 보통 몇 시간 정도 하였나요?"

아 동: "3학년 때 학교 갔다 와서 검도 학원 가기 전에 한 시간 정도 하다가, 검도 학원 갔다 와서 5시 정도부터 부모님이 퇴근하실 때까지 두 시간 정도 하고 저녁 먹고 잘 때까지 3시간 정도 했으니 하루에 다섯 시간은 한 것 같아요."

면접자: "예전에 컴퓨터를 많이 할 때와 지금의 컴퓨터게임 장소는 어떻게 바뀌었나요? 집에 컴퓨터 놓인 장소가 달라졌나요?"

아 동: "작년 봄까지는 제 방에 컴퓨터가 있었는데 작년 여름 이후, 지금까지는 거실에 컴퓨터가 있어요. 장소가 바뀌었죠."

면접자: "컴퓨터가 거실에 놓이게 된 이유는 무엇인가요?"

아 동: "제 방에 컴퓨터가 있으니 엄마가 자주 들어와 보기가 힘이 들고 제가 게임을 많이 하니까 거실에 놓고 게임을 많이 못 하게 하려고 내놓았어요. 제 방도 비좁고요."

면접자: "컴퓨터 있는 장소가 거실로 바뀌니까 컴퓨터게임 시간은 예전과 차이가 있나요?"

아 동: "예, 확실히 다른 것 같아요. 제 방에 컴퓨터가 있을 때는 부모님이 자주 들어오지 않으니까 마음에 부담이 별로 없었는데 거실에 컴퓨터가 있으니까 컴퓨터 앞에 앉는 게 좀 부담스러워요. 뭐랄까, 부모님께 눈치가 보인다고 할까? 그래요. 엄마가 수시로 부엌에 드나들고 가족들이 왔다 갔다 하니까 오래 앉아 있기가 좀 눈치가 보여서 안 편해요. 그래서 게임을 훨씬 적게 해요."

면접자: "○○는 스스로 컴퓨터게임 중독이라고 느낀 적은 없었나요?"

아 동: "처음에는 제가 컴퓨터게임 중독이라고 못 느꼈어요. 엄마와 동생이 '게임 중독자', '컴퓨터광'이라고 했을 때 정말 제가 중독인 것을 느꼈어요. 제가 중독이라고 느끼게 된 것은 컴퓨터게임을 더 많이 하려고 소변 보는 것을 억지로 참으면서 게임하고 라면, 햄버거, 과자 등을 컴퓨터 앞에서 먹다 매일 엄마에게 혼나서 제가 게임 중독인 것을 차츰 알게 되었어요. 제가 자꾸 숙제도 미루

고 공부를 늦게까지 하지 않아 매일 혼나니까 부모님이 컴퓨터게임 중독에서 극복시키려고 하셔서 저도 혼나지 않으려고 하다 보니까 극복을 해야겠다는 생각이 들었어요."

면접자: "친구나 친척 집에 가서 아무도 모르게 게임 CD를 갖고 온 적이 있나요?"

아 동: "예, 작년에 친척 집에 가서 재미있는 게임 CD가 있어서 그 형이 없을 때 살짝 갖고 왔어요. 집에 와서 엄마에게 사실대로 말했어요."

면접자: "집에 인터넷은 설치되어 있나요? 설치되었다면 언제, 무엇 때문에 하였나요?"

아 동: "엄마도 공부하시니까 자료 검색도 해야 하고, 저희들도 숙제 때문에 4학년 때 인터넷을 설치하였는데 제가 게임을 더 많이 한다고 3개월 안에 인터넷을 엄마가 끊었어요."

면접자: "친한 친구들은 방과 후에 어떤 놀이로 시간을 보내나요?"

아 동: "거의 게임을 하며 시간을 보내죠. 게임에서 친구들을 만나 오락하며 시간을 보내죠."

면접자: "한 달에 받는 용돈은 얼마인가요?"

아 동: "정해진 건 없고 수시로 필요할 때마다 보통 오백 원, 천 원씩 줘요."

면접자: "부모님께 혼나면서도 컴퓨터게임을 계속하는 이유는 무엇인가요?"

아 동: "재미있으니까요. 요즘 유행하는 「포켓몬스터」 게임을 안 해 보면 친구들에게 뽐낼 수가 없으니까요. 또 다른 친구들이 가지 못한 스테이지를 넘어가기 위해서 자꾸 하게 돼요. 우월감 때문에요."

면접자: "어떤 때 컴퓨터게임 중독에서 벗어나야겠다는 생각이 들었나요?"

아 동: "제 할 일을 못 해서 부모님께 혼날 때요. 숙제, 공부 같은 것을 제시간에 못 할 때요."

면접자: "컴퓨터게임 중독을 극복하려고 ○○는 어떤 노력을 했나요?"

아 동: "좋아하는 게임을 몇 개 직접 지우고 책 보는 것으로 관심을 돌렸어요. 장난감을 갖고 놀거나 카드, 도미노, 팽이치기 등 다른 놀이로 관심을 돌리고 밖에서 자전거 타기, 롤러블레이드 타기, 약수터 가기, 가족들과 운동하기 또 가족과 함께 시간을 보내려고 노력했어요."

면접자: "컴퓨터게임 중독을 극복하는 과정에서 가장 힘들었던 것은 무엇인가요?"

아 동: "약속을 위반하여 제가 좋아하는 게임을 제 손으로 직접 지울 때 가장 혹독했어요. 눈물이 핑 돌 정도로요. 특히

「삼국지」, 「수호지」, 「조조전」 같은 책에서 나오는 내용의 게임을 지울 때요. 벌 받는다고 참선 두 시간 할 때 힘들었어요."

면접자: "요즘 친구들이 좋아하는 게임은 무엇인가요?"

아 동: "「바람의 나라」, 「크레이지 아케이드」 온라인 게임을 좋아해요."

면접자: "지금 다시 친구들이 컴퓨터게임을 하자고 하면 어떻게 할 건가요?"

아 동: "안 해요. 얼마나 힘들게 극복을 했는데 왜 게임을 해요."

면접자: "PC방에 가려고 부모님께 거짓말을 한 적이 있나요?"

아 동: "예, 거짓말한 적 있어요. 오락실에 게임 보이 한다고 거짓말한 적은 있지만 PC방에 간다고 거짓말한 적은 없어요. 오락실은 한 판에 백 원씩 넣고 하는 거예요."

면접자: "몇 번 정도 거짓말을 했나요?"

아 동: "먹을 것 사 먹었다고 거짓말하고 게임하러 오락실에 갔고, 4학년 때 친구 집에 간다고 하고 오락실에 갔으니까 두 번 거짓말했어요."

면접자: "요즘 많이 하는 게임은 무엇인가요?"

아 동: "혼자서 하는 게임이요. CD 게임 같은 거요."

면접자: "지금 ○○가 가장 좋아하는 게임은 무엇인가요?"

아 동: "「넷마블」, 「라이코스」, 「포켓몬스터」 세 가지를 좋아해

요. 컴퓨터에 빠졌을 때 작년에는 「스타그래프트」를 좋아했는데요, 요즘에는 「바람의 나라」와 아까 말한 게임을 좋아해요."

면접자: "하나의 게임을 정복하는 데 걸리는 시간은 얼마인가요?"

아 동: "포켓몬스터는 5일 정도면 정복할 수 있고, 「넷마블」, 「라이코스」는 끝이 없어요. 레벨이 올라가면 다시 처음으로 돌아가요. 최고 수준까지 가도 '궁극체'까지 갔을 때 11, 12레벨인데 다시 유년기로 돌아가요."

면접자: "컴퓨터게임 CD를 사려고 친구끼리 돈을 주고받거나 빌려주기도 하는가요?"

아 동: "없어요. 대신 CD를 서로 바꿔서 해 보고 돌려준 적은 있어요."

면접자: "컴퓨터게임을 함으로써 좋아진 것은 무엇인가요?"

아 동: "인터넷으로 자료 검색하는 것도 알게 되었구요. 컴퓨터 사용능력이 향상되었구요. 부모님의 차 소리만 들어도 아빠 차인지 엄마 차인지 알 정도로 청각이 발달되었어요."

면접자: "컴퓨터게임을 함으로써 나빠진 것은 무엇인가요?"

아 동: "화장실에 가고 싶어도 게임 때문에 참고, 밥을 제때 안 먹어서 배가 아프고, 밤늦게 자니까 성장호르몬이 분비되지 않아 키가 별로 자라지 않았어요. 밖에 나가서 놀지 않으니까 몸이 약해지고 목 근육이 경직되어서 목이

많이 아팠구요. 눈이 뻑뻑하고 눈물이 안 나오니 안구건조증이 생기게 되었구요. 성질도 급해지고 인내심도 부족해지고 동생과 자주 싸우게 되어 성질이 사나워졌어요. 목, 어깨가 뻐근하고 머리에 비듬도 생기고 안 씻고 눈도 자주 깜빡거리고요. 다른 놀이는 생각이 안 나고 컴퓨터를 하지 않으면 눈이 허전하고 손도 심심하였고요. 혼날까 봐 불안하고 심장이 벌렁거리고 음식 먹는 자세, 태도가 나빠졌어요. 컴퓨터 앞에서 게임하면서 음식을 먹으니까요. 동생에게 심부름도 떠맡기니 책임감이 약해졌어요."

면접자: "컴퓨터게임 중독 당시 본인이 느끼는 증상이나 가족들이 주로 지적하는 행동은 어떤 것이 있었나요?"

아 동: "학교에서 집에 오면 공부는 뒷전이고 컴퓨터게임부터 먼저 시작했어요. 부모님이 퇴근할 때 집 앞에서 차 소리만 들어도 혼날까 봐 심장이 벌렁거리고 5초 내에 곧바로 컴퓨터 전원을 끄고 게임을 안 한 척해요. 부모님이 귀가하실 때가 되면 저도 모르게 집 앞을 두리번거리며 불안해지기 시작해요. 음식(라면, 밥, 우유, 과자, 햄버거)을 컴퓨터 앞에서 먹고 컴퓨터게임을 하면서 TV를 보고 게임을 하면서 책을 보고 그랬어요. 엄마가 주신 용돈은 뭐 사 먹으려고 받아 놓고 게임 CD 사는 데에 다

쓰고 동사무소에 있는 컴퓨터에서 게임을 하느라고 거의 매일 직원들이 퇴근하는 6시까지 게임을 하였죠. 집에 귀가 시간이 6시인데 귀가 시간도 놓쳐 혼난 적도 있고요. 컴퓨터 앞에서 음식을 자주 먹어 컴퓨터가 망가져서 컴퓨터를 수리한 적도 있고요. 동생에게 컴퓨터 사용을 못 하게 하고 자주 싸우고 엄마가 사용하거나 타자 칠 거를 시키면 기다리지 못하고 신경질을 내기도 했었죠. 또 가족들이 어디 외출하거나 여행을 가면 가기 전에 항상 안 간다고 하고 짜증내고 엄마한테 혼나고 혼자 집에 남아서 게임을 더 하고 싶어 했어요. 컴퓨터를 하지 않으면 불안하고 초조하고 허전해지는 것 같았어요. 그래서 여름방학 때 시골 외할머니 댁에 10일 정도 있을 때 컴퓨터를 엄마 차에 싣고 간 적도 있어요. 또 밤늦게 컴퓨터게임 한다고 불빛이 안 새어 나가게 하기 위해서 이불을 저와 컴퓨터 모니터에 푹 덮어씌우고 밤샘을 한 적도 있어요."

면접자: "컴퓨터를 싣고 외할머니 댁에 간 그때가 몇 학년 때였나요?"

아 동: "4학년 겨울방학 때와 5학년 여름방학 때였어요."

면접자: "컴퓨터게임을 하기 전과 게임에 중독된 후의 행동 그리고 중독 극복 이후의 ○○의 행동에는 어떻게 달라졌나요?"

아 동: "컴퓨터게임을 하기 전에는 집에서 장난감이나 롤러블레이드, 자전거 타기, 밖에서 뛰어놀며 하는 놀이를 주로 하며 놀았고 또 제가 책을 많이 읽고 등산도 좋아해서 가족과의 나들이도 좋아했는데 게임에 중독된 이후부터는 밖에 나가기가 싫어지고 하루 종일 있어도 밖에 나가는 일이 없었어요. 그리고 중독된 이후는 몸도 잘 씻지 않고 매일 엄마한테 혼나고 맞고 벌 받고 동생과 싸우고 하는 게 다 게임 때문이었어요. 그런데 중독에서 극복하고부터는 엄마에게 칭찬도 많이 받고 인정을 더 받게 되었어요."

면접자: "어떤 식으로 칭찬이나 인정을 받았나요?"

아 동: "제가 지금 다니는 학교로 전학 온 지 3개월 되었거든요. 여기에서 6학년을 시작했는데, 학교 수업시간에 역사 인물에 대해 선생님이 질문할 때 친구들이 몰라서 손을 안 들고 '게임을 많이 해서 책을 안 읽지?' 하며 선생님이 혼내신 때 제가 발표하여 대답을 했거든요. 그때 선생님께서 더 꼬치꼬치 물으셨어요. 그때 그것을 다 대답했을 때요. 그때 엄마가 'ㅇㅇ가 책을 많이 읽고 게임중독에서 극복하고 나니 이제 보람을 느낀다' 하며 인정해 주셨어요. 또 며칠 전에 과학상자 조립을 하여 과학상자 동상을 받아 엄마를 기쁘게 해 드렸을 때요."

면접자: "컴퓨터게임 중독 당시 극복하게 하려고 부모님이 하신 지도 방법에는 어떤 것들이 있었나요?"

아　동: "그때 제가 거짓말을 하여 두 번 들킨 적이 있었어요. 귀가 시간이 6시인데 한 시간 정도 늦었고, 먹을 거 사 먹으라고 주신 돈을 사 먹었다고 하고 백 원 넣고 하는 오락실에 가서 오락을 천 원어치 했는데 엄마가 입을 벌려 보라고 해서 들켰어요. 그때 몬테소리 교구 빨강 막대로 엉덩이 맞았어요. 거짓말은 절대로 용서를 안 하거든요. 그리고 '나는 거짓말쟁이다.'는 내용의 반성문을 이면지에 두 쪽을 쓰고 거울 앞에서 소리 내서 백 번 읽었어요. 바둑돌도 갖다 놓고 세어 가면서요. 처음에는 말로써 게임하지 말라고 하시다가 그래도 제가 잘 안 들으면 벌을 주기도 했어요. 그러다 부모님이 규칙을 세워서 제가 제 할 일을 다 못 하고 계속 컴퓨터만 하면 집 앞 효성 아파트를 벌칙으로 열 바퀴 이십 바퀴, 삼십 바퀴씩 돌게 하였어요. 대신 제가 부모님이 퇴근하시기 전까지 제 숙제, 공부를 다 끝내고 몸도 잘 씻으면 아빠는 제가 좋아하는 게임을 깔아 주시고요. 그것을 못 지키면 제 손으로 제가 제일 좋아하는 게임을 직접 지우게 하셨어요. 그리고 제가 보는 앞에서 게임 CD도 부러뜨렸고요. 또 제가 심부름을 할 때는 꼭 영수증을 받아 오게 했고 매일 저와 동생에게 하루 일과표를 작성하게 했고 귀가 시간을 정해 놓고 제가 친구 집에 놀러 가면 친구 집 전화번호까지 적어 놓게 하셨어요. 또 컴퓨터 앞에서 음식을 먹다가 들키면 벌칙으로 청소나 설거지를 한 달 이상을 했어요. 그리고 부모님과의 규칙을 위반하면 '일주일간 컴퓨터 사용 금지'를 시켰어요. 그 와중에 또 위반하면 컴퓨터를 못하는 날이 더 길어졌어요. 어느 정도 제 행동이 고쳐지기 시작하면서부터는 학교에서 동생이 배우는 컴퓨터교재를 제가 집에서 부모님께 테스트 받고, 워드 작성하는 것을 배우게 했고 타자수 올리기를 지도하셨어요. 하루에 몇 타, 일주일에 몇 타수 올리기, 매일 밖에 나가 한 시간씩 놀다 오게 하셨어요. 또 저의 행동 목록표를 만들어 벽에 붙여 놓고 안 지킬 시에는 벌을 주고 지킬 시에는 햄버거나 게임 CD를 사 줬어요."

면접자: "그때 밖에 나가 한 시간씩 뭐 하며 놀았어요?"

아 동: "처음엔 놀 줄을 몰라 집 앞에서 한 시간을 서 있다가 들어왔어요. 그다음 날도 그렇게 있다가 차츰 날짜가 지나니까 놀이터에서 그네도 타고 롤러블레이드도 타고, 동생과 '얼음땡'도 하였어요."

면접자: "컴퓨터게임 중독에서 벗어나기 위한 좋은 방법에는 어

떤 것들이 있다고 생각하나요?"

아　동: "우선 아이들에게 컴퓨터게임 사용시간과 공부할 학습 분량을 부모님이 정해 주는 거예요. 그리고 행동 목록표를 만들어 벽에 붙여 놓고 보상을 실시해요. 부모님과 규칙을 정해서 '일주일간 컴퓨터게임 안 하기 운동'도 해 보고요. 그리고 저의 취미를 딴 데로 돌리게 하는 거예요. 예를 들면 바둑이나, 운동, 독서, 등산 등 사람들과 어울려 지내는 활동을 많이 하는 거예요. 가족과 함께하는 시간을 많이 하는 거예요. 그리고 교회나 성당에 나가게 해서 사람들을 만나고 성경 말씀을 들어요. 성경 말씀은 진리니까요. 자기 자신을 반성하게 되니까요."

면접자: "○○에게 가장 좋았던 게임 중독 극복방법은 무엇이었나요?"

아　동: "효성 아파트 달리기와 바둑, 그리고 독서였어요."

면접자: "○○의 장래 꿈은 무엇인가요?"

아　동: "저는 법학박사가 되는 게 꿈이에요. 저는 책을 옆에 쌓아 놓고 분석하는 전문직을 좋아하거든요. 그리고 옛날에 외할머니와 약속했던 오래 사는 약도 개발하고 특히 저는 법률 책을 많이 봐서 엄마가 고민하는 것도 많이 해결해 주는 법학박사가 꼭 될 거예요."

4. 박찬우 모 상담

면접자: "자녀가 컴퓨터게임을 처음 접한 시기와 하게 된 계기는 무엇인가요?"

모   : "다섯 살 때 TV에 연결하는 전자오락 게임을 왜 슈퍼 마리오 같은 거 한창 유행하였잖아요. 그때 친척이 486 컴퓨터 중고를 주었어요. 제가 워드용으로 쓰려고 얻어 둔 것이 아이의 오락용 컴퓨터가 되어 버렸죠. 컴퓨터를 사용 못 하게 하면 TV에 연결하여 오락을 하니 TV 시청을 방해했죠. 그래서 컴퓨터 오락을 허용했죠. 전산업에서 일하는 친척은 수시로 와서 컴퓨터게임을 깔아주고 고장이 나면 고쳐 주어 아이는 다른 친구들이 전자오락을 할 때 저희 아이는 컴퓨터게임을 일찍 하게 되어서 컴퓨터를 잘 알게 되었죠."

면접자: "자녀가 처음에 컴퓨터를 누구에게서 배우게 되었나요?"

모   : "아빠가 가르쳐 주고 친척 아저씨가 수시로 와서 게임 하는 법을 가르쳐 주었지요. 그리고 스스로 하다 보니까 방법을 터득하는 것 같아요. 저는 다섯 살짜리 아이가 게임을 너무 일찍 하는 게 아닌가 싶어서 마음에 안 들어 못 하게 하면 남편이 아이의 성격이 소심하고 몸이

왜소하니 친구를 사귈 때 게임을 잘하면 친구도 잘 사귈
수 있을 거라며 놔두라고 하여 크게 신경을 안 쓰고 컴
퓨터게임을 하게 놔두었죠."

면접자: "자녀가 처음에는 컴퓨터를 어느 정도 하였나요?"

모　　: "아이가 초등학교 1학년 때 586 팬티엄 Ⅱ 컴퓨터로 바
꾸어 주었어요. 1학년 때는 많이 안 했는데 학년이 오를
수록 컴퓨터 앞에 앉아 있는 시간이 길어지게 되었죠.
친구들은 집에 컴퓨터가 없어 저희 집에 놀러 와서 게임
을 하고 아이는 친구에게 컴퓨터를 가르쳐 주며 즐거워
했고 친구 엄마가 조그만 애가 컴퓨터를 잘 다룬다고 신
기해하며 칭찬해 주면 아이는 기분이 좋아져 우쭐거리
면서 컴퓨터를 더 하게 되었죠. 성격이 한 가지 일에 몰
두하면 끝까지 몰입하는 성격이라 다섯 살 때 게임을 하
면서 마음대로 안 되니까 '꼭 해내고 말 거야, 잉잉….'
하며 울면서 게임에 매달리는 겁니다."

면접자: "컴퓨터게임을 많이 할 때는 하루에 몇 시간 정도 하였
나요?"

모　　: "유치원 때는 별로 하지 않았는데 초등학교 3학년이 되
기 시작하니 점점 많이 하게 되었어요. 그때는 하루에
네 시간 이상은 하는 것 같았어요. 학교에 가고 학원에
갔다 오는 것 외에는 하루 종일 컴퓨터 앞에 앉아 있었

으니까요."

면접자: "자녀가 컴퓨터게임에 빠지게 된 이유나 계기가 있었다면 무엇이라고 생각하나요?"

모 : "다섯 살 때부터 컴퓨터게임을 하여 경력이 2년 이상 쌓이니까 웬만한 게임은 다 정복하는 겁니다. 친구들이 놀러 오면 자기가 가르쳐 주는 재미에 더 하게 되고 아이가 3학년이 되면서 제가 대학원 공부를 시작하여서 늦게 들어오게 되자 게임을 더 하는 것 같았어요. 3학년 때까지는 제가 운영하는 유치원에 같이 다니느라 별로 하지 않았는데 제가 대학원 수업이 있는 날은 밤늦게까지 게임을 하는 겁니다. 남편도 늦게 오는 날이 많고 저도 일과 공부 때문에 늦게 오는 날이 생기니까 아이들끼리 저녁 늦게 있는 날도 있었거든요. 그래서 아이가 컴퓨터게임을 많이 하게 된 것 같아요."

면접자: "자녀가 학원이나 과외수업을 받고 있나요?"

모 : "아이가 어려서부터 학원은 안 다니고 싶어 했고, 저 역시 너무 어렸을 때부터 학원을 많이 다니면 아이들이 놀 시간이 없으니까 학원을 안 보냈어요. 몸이 왜소하고 밥을 잘 먹지 않아 3학년 때부터 태권도 학원을 보냈는데 4학년 때 검도 학원으로 바꾸어 5학년 때까지 다니다가 이사 와서 요즘은 아무 학원도 안 다니고 집에서 자유롭

게 놀고 있어요. 저는 아이들이 초등학교 때는 마음 놓고 놀아야 한다는 생각을 하는 사람이라 밖에서 마음 놓고 뛰어놀라고 해요."

면접자: "요즘 어머니들이 학원을 보통 두세 개씩 보내는데 아무 데도 보내지 않으면 불안하거나 그렇지는 않은가요?"

모   : "아뇨, 저 나름대로 교육철학과 소신이 있기 때문에 그런 것은 없어요. 그리고 수학문제집을 사 주고 제가 출근할 때 하루에 4쪽씩 하라고 숙제를 내어 주고 매일 아빠가 확인하고 아이도 잘 따라와 주니 불안한 건 없어요. 저는 아무렇지도 않은데 주위 사람들이나 학교 선생님들이 가끔 왜 아이들을 학원에 보내지 않느냐고 그래요. 그럼 저는 그러죠. 아이가 효자라서 가정경제를 살려 주려고 학원을 안 다니려고 한다고요."

면접자: "집에 인터넷이 설치되어 있는가요?"

모   : "아이가 4학년 때 저도 학습자료를 검색해야 하고 아이들도 숙제 때문에 설치했는데 인터넷을 설치하니 컴퓨터 게임을 더 많이 하는 것 같아 석 달 만에 해약했어요."

면접자: "자녀의 성격은 주로 어떤가요?"

모   : "유치원 다닐 때는 재롱잔치 할 때 무대 앞에서 얼굴을 커다란 꽃이 매달린 손으로 가리고 무용도 안 하고 그냥 서 있기만 할 정도로 쑥스러워하는 성격이었어요. 아는

것은 많은데 발표하는 것은 적고 선생님이 시키면 하는데 남 앞에 나서는 것은 별로 안 좋아해요. 그래서 유치원 다닐 때 제가 재롱잔치 다녀와서 속이 상해서 그 길로 아이를 데리고 웅변 학원에 갔는데 아이가 죽어도 안 다니겠다며 떼를 써서 못 보내고 아무 데도 안 다닌다고 하여서 그냥 제가 집에서 가르쳤어요."

면접자: "그렇게 학원을 안 다니려고 하던 아이가 태권도 학원에는 어떻게 잘 다니게 되었어요?"

모　　: "학교에 가니 키가 제일 작아 친구들이 '꼬마'라는 별명을 붙여 줬는데 어느 날 친구한테 잘못한 것도 없는데 맞아서 코피가 났대요. 그래서 그 친구한테 복수하기 위해 자기도 힘을 길러야겠다며 태권도 학원에 가겠다고 하더라구요. 그래서 아이가 밥도 잘 안 먹고 몸도 약해서 태권도 학원에 보내게 되었죠. 그런데 태권도를 배우니 자꾸 동생을 때려서 검도 학원으로 바꿔 주었는데 운동은 재미있게 잘하더라구요. 검도는 정신통일과 예절을 길러 준다고 해서 보내게 되었어요."

면접자: "자녀가 컴퓨터게임에 중독되었다고 느낄 때 부모님이 느끼는 자각은 어느 정도였나요?"

모　　: "처음에는 아이가 중독되었다고 생각을 못 했죠. 그런데 4학년이 되니 컴퓨터 앞에 앉아 있는 시간이 점점 길어지기 시작했어요. 잔소리를 해도 듣지 않고 거의 밤 열두 시까지 하고 제가 대학원 수업이 있는 날은 날 잡아서 게임에 빠져 있는 겁니다. 학교 숙제는 미루고 이도 안 닦고 머리도 안 감고 목욕도 안 하고 온 집 안을 난장판으로 어질러 놓고 컴퓨터 앞에서 음식을 먹고 찌꺼기를 다 흘려 치우지도 않고…. 밤늦게까지 아이들 공부를 봐줘야 하고 잘 때까지 일해야 하니 그제서야 아이가 완전히 중독된 걸 깨달았죠. 예전에는 그러지 않았는데 너무나 지저분하고 게을러지고 밥도 굶고 다니는 걸 보면 화도 나고 안쓰럽기도 했죠. 예전에 하던 행동과 너무 다르게 변하고 제 잔소리가 자꾸만 많아지니 아이가 컴퓨터게임에 중독되었다고 느끼게 된 거죠. 이런 문제 행동이 눈으로 나타나기 이전에는 그냥 게임을 즐기는 정도로 생각을 했었죠."

면접자: "자녀가 컴퓨터게임에 중독되었을 때 행동과 중독실태는 어떠하였는가요?"

모 : "중독실태 너무나 많았죠. 우선 아침에 눈뜨자마자 컴퓨터부터 켜기 시작하구요. 학교 갔다 오자마자 컴퓨터부터 켜기 시작해서 제가 퇴근할 때까지 일곱 시나 여덟 시까지 해요. 퇴근할 때 제 차 소리를 듣고 그제서야 컴퓨터를 끄고 매일같이 컴퓨터게임 때문에 동생과 싸우

고 심부름을 시키면 동생한테 다 떠넘겼어요. 또 가족들끼리 외출을 하거나 어디 여행 가면 안 가겠다고 해요. 공휴일 날은 아침부터 저녁까지 틀어박혀 컴퓨터게임만 하는 겁니다. 밖에 나가는 걸 못 봐요. 눈도 뻑뻑하다고 하고 눈물이 안 나온다며 안구건조증까지 생기더니 나중에는 틱장애까지 오더라구요."

면접자: "어떤 때 어떤 형태의 틱장애가 오던가요?"

모   : "컴퓨터를 망가뜨려 수리할 때 벌칙으로 열흘간 사용 금지했더니 아이가 눈을 깜빡거리며 안 하던 행동을 하더라구요. 눈을 깜빡거리지 말라고 하면 더 하고 금단 증상의 하나로 틱장애가 나타나는 것 같았어요."

면접자: "그 외의 다른 중독 실태는 없었나요?"

모   : "장기간 외할머니 댁에 갈 일이 있었는데 4학년 겨울방학 때였나 봐요. 외할머니 댁에는 컴퓨터가 없는데 대구까지 컴퓨터를 갖고 가자는 겁니다. 컴퓨터를 안 싣고 가면 안 가겠다고 버티는데 계속 싸울 수도 없고, 시골이라 아는 친구도 놀 거리도 없을 것 같아 제 차에 싣고 갔죠. 5학년 여름방학 때에도 시골 외할머니 댁에 갈 때 컴퓨터를 싣고 갔는데…. 또 게임 CD를 책가방 속에 넣어 다니며 친구들과 바꿔 사용하고, 학원에도 안 다니려고 했고 뭐 사 먹으라고 용돈을 주면 사 먹지는 않고 모

두 게임 CD 사는 데에 다 쓰는 겁니다. 귀가 시간이 늦어지고 제가 심부름을 시키면 조건으로 CD 산다고 돈을 달라고 하고 PC방에 못 가게 했더니 거짓말하는 증상이 나타나기 시작했어요."

면접자: "언제 어떤 식으로 거짓말을 하던가요?"

모 : "귀가 시간이 6시인데 아이가 오지 않았어요. 7시 정도에 귀가했는데 왜 늦었냐고 하니까 친구네 집에서 놀았다며 아침에 준 돈은 200원짜리 떡꼬치 3개 600원, 핫도그 1개 400원 모두 천 원어치 사 먹고 왔대요. 그런데 입 주위가 너무 깨끗해서 제가 입을 벌려 보라고 했더니 한참 뒤에야 아이가 거짓말한 것을 실토했어요. 그때가 거짓말하다 들킨 지 두 번째였기 때문에 몬테소리 교구 빨강 막대로 많이 때렸습니다. 거짓말하는 것은 용납하지 않으니까요."

면접자: "큰아이가 컴퓨터에 중독되었을 때 작은아이는 어떤 형태로 놀던가요?"

모 : "오빠가 동생과 안 놀아 주고 게임도 혼자서 독차지하니 동생은 TV광으로 변하기 시작했어요."

면접자: "자녀의 컴퓨터게임 중독 극복에 대한 부모님의 동기는 무엇이었나요?"

모 : "매일같이 컴퓨터게임 때문에 잔소리해야 하고 퇴근하

고 집에 오면 깨끗한 집에서 좀 쉬고 싶은데 온 집안이 난장판이 되어 있으니 짜증이 나는 겁니다. 매일같이 잔소리하는 것도 지치잖아요? 그래서 아이들을 잡아 게임 중독을 극복시켜야겠다고 생각을 하게 되었죠."

면접자: "자녀가 컴퓨터게임 중독 당시와 게임 중독 극복 이후 어떻게 달라졌으며 무엇으로 자녀가 컴퓨터게임 중독에서 극복한 거라고 생각하시나요?"

모 : "컴퓨터게임 중독 당시에는 자기 할 일을 스스로 하는 일이 없었어요. 자발성이 없어진 거죠. 게임하는 것 외에는 자발적으로 하는 게 없었어요…. 자기 방 청소도 할 줄 모르고 할 생각 자체도 안 했어요. 그런데 중독 극복 후인 요즘에는 그 당시와 행동이 눈에 띄게 달라졌다는 거죠. 아침마다 깨우지 않아도 자발적으로 시간 되면 일어나죠. 집 근처 약수터에 물도 떠 오고 가족끼리 외출을 해도 이제는 안 간다고 안 하고 잘 따라나서죠."

면접자: "자녀의 컴퓨터게임 중독 극복을 위해 부모님께서 지도하신 방법은 무엇이었나요?"

모 : "안 해 본 것이 없을 정도로 많은 방법을 시도했습니다. 거짓말을 하기에 몬테소리 교구로 엉덩이 때린 것부터 두꺼운 백과사전과 전화번호부 책 들고 벌서기, 혼나는 도중에 울면 연장하여 벌세우기, 중독 당시에 고쳐야 할

사항을 미리 아이에게 말해 주고 규칙을 정했죠. 귀가 시간은 6시이다, 거짓말은 용서 않는다, PC방에 가지 마라, 학교 근처에 있는 동사무소에서 게임을 하더라도 엄마, 아빠 퇴근할 때까지는 숙제와 집에서 내주는 숙제를 다 해라, 자기 전에 꼭 일기 쓰고 목욕은 주 2회, 머리감기는 주 3회, 밤 열두 시 이전에 자기 등 규칙을 세웠는데, 아이가 위반하면 위반사항에 따라 벌칙이 달라졌어요."

면접자: "어떤 식으로 벌칙이 달라졌나요?"

모   : "거짓말하여 들켰으면 처음엔 엉덩이 맞았죠. 그리고 2차 벌칙이 '나는 거짓말쟁이다.'는 반성문을 A4 종이에 두 쪽을 쓰게 하여 그것을 크게 백 번을 낭독시켰어요. 바둑돌 백 개 갖다 놓고 담아 가면서요. 밤에 10시 전에 안 자면 성장호르몬에 관련된 신문기사를 오려 크게 백 번씩 낭독시켰죠. '왕건' 하는 토요일, 일요일 날은 빼구요."

면접자: "왜 '왕건' 하는 날은 10시 이후에 자게 하였나요?"

모   : "아이가 사극을 좋아하고 역사를 좋아해서 교육상 사극은 보도록 허용하거든요. 그리고 아이들의 행동 목록표를 만들어 자기 방에 붙여 놓고 ○표가 몇 개 이상 안되면 집 안 청소와 설거지를 석 달 가까이 시켰어요. 그

방법도 좀 가혹한 것 같아 설거지는 나중에 빼고 벽을 향해 앉아 '참선'을 두 시간을 시켰어요. 게임규칙을 위반하면 아이의 손으로 직접 아이가 제일 좋아하는 컴퓨터게임을 지우게 하였어요. 그리고 아이가 보는 앞에서 게임 CD를 부수어 버렸어요. 하루에 한 시간 이상은 무조건 밖에 나가서 놀게 하였어요. 친구 집에 가든 놀이터에 가든 어디든지 나가서 놀라고 했고, 매일 그날의 일과표를 쓰게 했어요. 방과 후에 6시 귀가 시간까지요. 그리고 심부름 시에는 영수증을 꼭 받아 오게 했어요."

면접자: "하루 종일 밖에 한 번도 안 나가던 아이가 밖에 나가서 잘 놀던가요?"

모 : "처음에는 어떻게 놀지를 몰라 집 앞 쓰레기통 옆에서 멍하니 서 있기만 하데요. 그래서 불러다 친구 집에라도 가라고 하고 줄넘기를 주면서 줄넘기라도 하라고 방법을 제시해 주었죠. 그랬더니 차츰차츰 롤러블레이드와 줄넘기도 갖고 밖으로 나가고 친구 집에도 가서 놀기도 했습니다."

면접자: "그 외에 다른 지도 방법은 없었나요?"

모 : "왜 없었겠어요. 이것저것 해 보다가 저도 마음이 아파 나중에는 아이에게 반전의 효과를 주자는 방법을 생각했죠. 컴퓨터를 활용하여 타자수 올리기를 시켰어요.

매일 위인전을 펼쳐 놓고 타자를 치게 하고, 또 저의 과제물과 논문도 아이에게 워드로 치게 했어요. 워드 교재를 갖고 와서 이론 공부도 시켰죠. 그리고 저녁마다 아빠가 확인하는 겁니다. 몸을 잘 안 씻거나 정한 규칙을 위반하였을 시에는 체벌 대신 집 앞 아파트를 열 바퀴부터 스무 바퀴, 서른 바퀴, 강도를 더해 가며 달리기를 시켰어요."

면접자: "달리기를 하루에 몇 분씩 하였으며 기간은 얼마 동안 시켰습니까?"

모 : "하루에 서른 바퀴 뛸 때는 두 시간 정도 걸렸어요. 매일, 다섯 달 정도 뛰게 했어요. 한 시간 이상 달리면 땀이 나니까 안 씻을 수가 없죠. 목욕하는 게 저절로 해결되었어요. 청소하기는 여전히 시키니 집 안도 깨끗해졌죠. 그리고 약속한 사항을 잘 이행하면 아이가 좋아하는 게임 CD도 하나씩 사 주고 컴퓨터에 게임도 깔아 주었어요. 그리고 아이들을 자꾸 밖으로 나가 놀게 했고 주말이면 중앙공원 벼룩시장에 아이들을 데리고 가서 필요한 물건을 사고팔기도 했죠. 일요일이면 가족 모두 집 근처에 있는 관악산 등산을 하고 함께 성당에 갔어요. 그리고 아이와 같이 도서관에 가고 자료 분류도 했죠. 제가 논문 쓸 때는 아이들도 같이 제가 빌려온 논문이며

책을 분류하는 것에 흥미를 갖고 재미있어했죠."

면접자: "컴퓨터게임 중독 극복을 위해 부모님은 어떻게 지도하셨나요?"

모 : "아빠는 저녁에 일찍 퇴근하여 아이들의 숙제와 공부를 점검했고, 가족이 함께하는 시간을 만들었죠. 그리고 아이가 관심 있어 하는 TV프로가 사극인데 그 프로를 같이 보며 대화하는 시간을 늘렸죠. 사극에 나오는 주인공에 대해 책을 빌려 읽어 보게 하고, 예를 들면 명성황후, 왕건, 임상옥에 대해 같이 도서관에 가서 책을 찾아 보게 하고 그 주인공의 인터넷 자료를 검색하고 요약정리를 하게 했습니다. 그리고 집 근처에 있는 체육공원과 약수터에 저녁마다 나가 아이와 함께 운동도 하고 물도 떠 오고요. 아이들이 좋아하는 애완동물(햄스터, 토끼, 병아리)을 키우게 하고 작은 수족관을 사서 물고기도 키우게 해 주었어요. 아이들끼리 시민회관에 어린이 영화도 보러 가게 했어요."

면접자: "컴퓨터게임 중독 극복을 위해 아빠는 어떤 식으로 지도하셨나요?"

모 : "퇴근 시간을 8시 30분으로 당겼구요. 매일 아이들의 숙제와 공부를 점검했고 그날 작성한 일과표와 규칙 사항 확인은 아빠가 맡아서 거의 했어요. 바둑도 가르쳐

주었고 중국어도 가르쳐 주었어요. 일주일에 두세 번씩 아이들과 약수터에도 갔어요. 아이들과 대화를 많이 해 주었어요. 아빠가 아이의 교육에 관심을 갖고 아이들과 대화도 많이 하고 공부도 많이 봐주고 잘 놀아 주니 아이는 서서히 게임 중독에서 벗어나게 됐죠."

면접자: "요즘엔 아이들이 집에서 어떤 놀이를 하며 노는가요?"

모 : "주로 동생과 자전거타기, 롤러블레이드 타기, 체육공원에 가서 운동하고 일요일엔 종합운동장에서 달리기도 하고 관악산 등산하기, 약수터 가기, 카드놀이, 팽이치기도 하며 다양하게 놀죠. 집 근처 시냇가에 가서 물고기도 잡고 자연과 친하게 지내며 놀고 집 안에서는 독서하며 지내죠. 친구들과 어울려 밖에서 놀고 친구 집에도 가고 집 근처 대공원에 가서도 놀고 주로 자연친화적으로 놀아요. 집 앞, 냇가 둑에 나가 동생과 쑥도 뜯고요. 봄나물도 캐고 강아지와 놀고 동생의 친구네 과수원에서 흙을 만지고 놀기도 하고 사람들과 어울려 밖에서 많이 놀아요."

면접자: "컴퓨터게임 중독을 극복시키기까지 기간은 얼마 정도 걸렸나요?"

모 : "꽤 많은 시간이 걸렸어요. 작년 5월 초부터 시작해서 11월까지 했으니 6개월 이상 걸렸던 것 같아요. 게임경

력이 많은 중독자라 오랜 시간이 걸린 것 같아요."
면접자: "자녀가 컴퓨터게임 중독에서 벗어난 지는 얼마나 되었
　　　　나요?"
모　　 : "5개월 조금 더 지났어요."

사례 6 - 중 3학년생 이기범 이야기

1. 아동의 인적사항

15세. 중학교 3학년으로 경기도 Y 시에 살고 있는 남자아이다.

2. 가족관계

아버지는 44세로 대졸의 학력을 가졌으며 2남 1녀의 장남이고 음식점을 자영하고 있으며, 어머니는 41세로 고졸의 학력을 가졌으며 2남 1녀의 장녀이며 서비스업에 종사하고 있다. 할머니 집에서 할머니와 할아버지, 고모, 고모부와 고종사촌 동생들과 함께 살고 있으며 그 외 가족으로는 2살 아래인 남동생이 한 명 있다. 부모는 중매결혼을 하였으며 연구 아동이 중1이 되던 해 이혼하였다. 부모가 이혼하기 전에 아동이 정신적인 안정을 찾도록 초등학교 6학년 때부터 연구 아동의 할머니 집에서 할머니와 고모부 가족의 보살핌을 받으며 같이 생활하고 있다.

1) 생육사

연구 아동이 중학교 1학년 때 연구 아동의 고모는 연구 아동이 집안의 장손이라 공부를 잘 시킬 목적으로 연구 아동을 자신의 집에 데리고 와서 양육하고 있다. 고모 집에서 같이 생활한 지는 4년 정도 되었다. 아버지는 1주일에 한두 번 만나고 어머니는 이혼 후 아예 안 만나고 있다. 초등학교 6학년 이후 주 양육자는 고모가 되었다. 연구 아동이 초등 5학년 때까지는 어머니가 교육하였고 초등학교 6학년 이후 주 교육은 고모가 시키고 있다.

2) 대인관계

대중 앞에 나가면 자신 없는 성격이긴 하나 친구들을 비교적 잘 사귀고 온순한 편이며 혼자 있는 성격보다는 여럿이 어울려 지내는 걸 좋아하는 성격이다.

3) 주 호소

면담 당시의 연구 아동의 고모는 컴퓨터게임 중독에 관해 크게 다섯 가지의 어려움이 있었다고 했다.

첫째, 내성 증상으로 인터넷에서 컴퓨터게임에 하루 평균 5시간 이상의 많은 시간을 소모해야 만족을 얻을 수 있었다.

둘째, 장기간의 심한 컴퓨터게임 사용을 중지하거나 감소시키면 불안, 초조, 가슴이 두근거리는 금단 증상이 나타났다.

셋째, 밤샘하는 날이 많아지자 학교 수업 태도가 엉망이고 성적이 부진하였으며 주의력이 산만해졌다.

넷째, 행동도 부자연스럽고 상대방과 의사소통이 잘 안 되고 있으며 눈동자가 풀리는 듯한 증상이 나타났다.

다섯째, 밥도 잘 안 먹고 굶기가 다반사이며 가족들과 어울리기 싫어하고 언제나 고립된 환경 속에서 혼자 있고 싶어 했다.

3. 아동 상담

면접자: "컴퓨터게임을 처음 시작한 시기와 계기는 무엇인가요?"

아　동: "초등학교 6학년 중순경 처음 접하게 되었고 우리 집 컴퓨터에는 게임이 없었어요. 처음에는 컴퓨터를 다룰 줄을 몰라 20분 정도 그림 맞추다가 본격적으로 하게 된 계기는 국수리에 PC방이 생겨서 하게 되었는데요. 친구들이 게임을 많이 하니까 게임을 안 하면 친구들끼리 화제가 안 되니까 하게 되고요. 또 게임 안에서 아바타(분신이라고 봄)를 성장시키면서 자기만족감을 얻기 때문에 해요. 재미도 있고요. 친구들끼리 같이 놀고 싶은데 게임을 모르면 소외감 때문에 시대감이 뒤떨어지는 것 같아 레벨을 맞추기 위해 하게 돼요."

아　동: "그런데요. 게임을 잘만 하면 돈이 돼요."

면접자: "어떻게 돈이 돼요?"

아 동: "아이템을 팔면 캐릭 클래스 종류가 있는데요. 「리니지」 하면요, 하루에 60만 원 버는데요."

면접자 "원래 팔아도 되는 건가요?"

아 동: "원래는 팔면 안 되는데 자기네들끼리 직접 팔기도 해요."

면접자: "컴퓨터게임을 하기 싫을 때는 없나요?"

아 동: "피곤해서 하기 싫을 때도 있죠. 또 자기 캐릭이 남의 캐릭과 싸워 졌을 때, 중요한 바명이 죽어서 떨궈졌을 때 해킹당했을 때는 하기 싫어요. 사람들이요. 아이템만 빼 가기도 하거든요."

면접자: "아이템이 뭔가요?"

아 동: "칼, 무기, 피, 갑옷, 체력회복제, 이것이 게임에선 생명력이 있어요. 여러 번 찔러도 죽지 않고 빨간 피가 회복제인데 그것을 사람들이 좋은 아이템이라 훔쳐 가요."

면접자: "어떤 식으로 훔쳐 가요?"

아 동: "PC방에 가서 ID 입력시키면 해킹 프로그램에 가서 훔쳐 가요. 팔아먹기도 하구요."

면접자: "왜 컴퓨터게임을 못 끊는 것 같나요?"

아 동: "친구들이요, 친구들이 가장 중요한 것 같아요. '혈맹'이라는 게임조직이 있는데 몇 명 친구들이 여기에 가입해서 너 없으면 안 된다며 권유하고 하니까요. 끊었다가도

다시 시작하게 돼요. 또 컴퓨터게임을 끊고 나면 할 게 없어서 다시 시작하게 돼요."

면접자: "할 게 없으면 뭐 하죠?"

아 동: "수업시간에 학교 가서 자죠. 게임 때문에 밤샘을 하기 때문에 수업시간에 졸고 혼나고 선생님도 한두 번 패다가 나중에는 선생님이 포기해요. 중학교에는 교과목이 다르니까 교사가 포기해요."

면접자: "컴퓨터게임을 많이 할 그 당시에 본인은 스스로 게임을 많이 하고 있기 때문에 심각하다고 느낀 적이 있었나요?"

아 동: "할 때는 심각한 줄 몰랐죠. 만족감, 성취감 때문에 전혀 심각하게 안 느껴지죠. 오히려 더 해야 하는데 하는 마음이 생기죠."

면접자: "그러면 어떻게 하여 본인이 심각하다는 것을 알게 되었나요? 그 계기는 무엇인가요?"

아 동: "고모가요. 전화비 내역서를 갖고 왔는데요. 전화비가 십만 원 이상 나온 거예요. 유료게임을 하다 보니까 평소 전화 요금보다 세 배 이상이나 많이 나온 거예요."

면접자: "유료게임은 어떤 식으로 결제하나요?"

아 동: "보통 ARS 신용카드 전화 요금 무통장 결제로 하는데 저는 전화 요금 결재 방식을 했거든요."

면접자: "유료게임 사용료는 한 달에 어느 정도인가요?"

아　동: "개인제 시간제가 있는데요. 개인제는 하루 종일 사용하고 3만 원이고 가입비 32,000원에 개인제 3만 원에 전화비까지 하면 10만 원 이상이 돼요."

면접자: "컴퓨터게임 중독 당시 주 몇 회 정도 PC방에 갔었나요?"

아　동: "일주일에 한 번 PC방에 갔어요. 전화 요금이 많이 나오고부터 PC방에 가서 게임을 하게 되었어요."

면접자: "컴퓨터게임을 가장 많이 한 시기는 언제인 것 같아요?"

아　동: "중 입학 후 가장 많이 한 것 같아요. 중 입학 후 PC방이 LAN선으로 인터넷이 되었는데, 그때 형들이 선배, 고등학교 형들이 내가 모르는 게임을 많이 하였어요. 그게 초창기의 「리니지」였어요. PC방에서 형들이 하는 것을 보고 배워 가며 가르쳐 주다 보니까 게임 안에서 쓰레기 아이템을 모아서 팔면 돈이 되니까 그때부터 본격적으로 시작하였죠."

면접자: "컴퓨터게임을 먼저 시작하는 친구들의 심리는 어떤 것 같나요?"

아　동: "누군가가 먼저 게임을 시작하여 깨우친 다음 학교에 와서 친구들에게 재미있다고 퍼뜨리면 친구들이 집에 가서 그걸 들고 결과를 기다리는데요. 자기가 친구들보다 먼저 시작했다는 우월감 때문에 더 많은 게임을 하게 되는 것 같아요."

면접자: "본인이 자각하는 컴퓨터게임 중독 증세와 가족들이 느끼는 중독 증세는 무엇이었나요?"

아 동: "컴퓨터게임 중에는 밥이 있어도 안 먹고 하루 종일 굶기도 하고요. 일주일에 3일 정도는 컴퓨터게임 한다고 날을 새운 적도 있죠. 옆에 있던 가족들이 '광'이라고 했죠. 일주일에 세 번씩 밤샘을 하니까 코피 난 적도 있었어요. 그럴 때 제가 심하긴 심했나 싶었죠. 그리고 학교에서 컴퓨터게임 중독 진단 테스트를 했는데, 70점 이상이 나와서 제가 중독이구나, 좀 심하구나 하고 그때 깨달았어요. 또 고모가요. 전화비 내역서를 갖고 왔는데요. 전화비가 십만 원 이상 나온 거예요. 유료 게임을 하다 보니까 평소 전화보다 세 배 이상이나 많이 나온 거예요. 그때 제가 좀 심하였구나, 하고 생각했죠."

면접자: "컴퓨터게임을 많이 할 때는 어느 정도로 많이 하였나요?"

아 동: "원래는 컴퓨터가 제 방에 있었는데요. 밤에 고모 몰래 일어나서 새벽에 하다가 들키는 바람에 컴퓨터가 거실로 나가게 되었죠. 학교 갔다 와서 한 시간쯤 한 후, 다시 새벽 두 시쯤 일어나서 하였구요. 컴퓨터 불빛을 막기 위해 이불로 컴퓨터 본체를 덮어씌우고 컴퓨터를 했구요. 고모나 고모부의 발자국 소리나 차 소리가 들리면

5초 안에 컴퓨터를 끌 정도로 컴퓨터에 빠졌어요."

면접자: "컴퓨터게임 이후 좋은 점은 무엇인가요?"

아 동: "멀리서 들려오는 가족들의 소리를 듣고 컴퓨터를 꺼야 하니까 청각이 발달되는 것 같아요. 타자 실력이 늘어났고 컴퓨터에 대한 두려움이 없어졌구요."

면접자: "컴퓨터게임 이후 나빠진 점은 무엇인가요?"

아 동: "컴퓨터게임 이후 나도 모르게 입이 헤 벌어진 것 같아요. 친구들이 별명을 '입 다물어, 입 다물어'라고 붙여 줬어요. 몸이 축 처지고 눈이 -0.2로 나빠졌어요. 게임 이전에는 0.8/0.9였는데 -0.1/-0.2로 떨어진 건 눈을 편하게 못 해 줘서 그런 것 같고 눈이 뻑뻑하고 목이 뻐근하고 자세가 나빠졌어요. 엉덩이도 아프고 머리에 비듬도 생겼어요. 스트레스가 쌓이면 비듬도 생긴다고 하데요. 또 학교 성적이 부진하고 수업 시간에 졸고 떠들죠. 가족들과 대화 시간이 줄어들고 혼자 있고 싶고 가족들이 다 어디 갔으면 하는 마음이 생기죠. 형제간의 유대감이 떨어졌죠. 상대방의 얘기를 잘 못 알아듣고 의사소통에 문제가 생기게 되었죠. 글씨 쓰기가 싫어지고 계산하기 싫어지니까 수학이 싫어지고 모든 숙제를 컴퓨터로 하고 싶죠. 교회에서 수련회 가면 컴퓨터가 없어서 참담하고 교회에 지각을 많이 하게 되었죠. 눈동자

가 풀리고 만사에 의욕이 없고 힘이 없어졌어요. 국수리 PC방에 나도 모르게 가게 되니까 고모한테 거짓말을 하게 되었죠."

면접자: "PC방에 가면 몇 시간 정도 게임을 하였으며 사용료는 얼마 정도였나요?"

아 동: "세 시간 정도 하고요. 많이 할 때는 6~7시간 정도(토요일, 일요일, 방학 때) 했어요. 일주일에 팔천 원 정도 한 달에 삼만 원 정도요."

면접자: "PC방에서의 after 서비스는 없었나요?"

아 동: "라면도 공짜로 주고 마일리지카드도 만들어 주었어요."

면접자: "PC방에 가장 많이 다녔을 때는 언제인가요?"

아 동: "중 여름부터 겨울까지 다녔는데 집에서 컴퓨터게임을 하니까 요금이 많이 나와서 접고, 양평이나 양수리 PC방에 가서 하게 되었어요."

면접자: "PC방 사용료는 무엇으로 메우나요?"

아 동: "뭐 사 먹었다고 하고 먹는 걸로 때워요."

면접자: "주로 많이 하는 게임은 무엇인가요?"

아 동: "「리니지」 유료게임 하다가 돈이 너무 많이 들어서 「드래곤라자」를 해요."

면접자: "가입비는 얼마 정도인가요?"

아 동: "한 달에 시간제는 30시간에 만 팔천 원이고, 개인제는

정액제로 한 달에 약 삼만 원이에요.「바람의 나라」는 세 시간에 삼천 원이고요. 친구들도 부모님 모르게 시간제 하다가 전화비가 많이 나와서 혼나고 그래요."

면접자: "초등학생이 하는 것과 중학생이 하는 게임에는 차이가 있나요?"

아 동: "초등학생이 하는 것은 유치하고 어려운 것이 중학생들한테 재미가 있어요. 그게 거의 유료게임이에요. 중학생들이 유료게임을 많이 하는 이유는요. 용돈을 타니까 많이 해요."

면접자: "컴퓨터게임 중독을 극복하게 된 동기나 이유는 무엇인가요?"

아 동: "부모님이 하지 말라고 했고 전화 요금이 한 달에 십만 원 이상씩 많이 나가게 되었어요. 또 게임을 하다 보면 고모한테 들킬까 봐 불안해서 가슴이 조마조마해서 심장병 걸릴 것 같아요. 성적이 자꾸 떨어지니까 좋은 고등학교 가서 잘되느냐 못되느냐 하는데 공부 좀 하려고 그만두게 되었어요. 수학 성적이 40점~60점 사이에서 왔다 갔다 하여 평균을 다 깎아 먹었어요. 다른 과목은 70점 이상이 나오는데 수학, 음악이 60점이 안 돼요. 그래서 성적 올려서 좋은 고등학교 가려고 게임을 끊어 보려고 했어요."

면접자: "컴퓨터게임을 끊지 못하는 원인은 무엇인 것 같아요?"

아 동: "본인의 의지력이 약해서 그런 것 같아요. 고모가 없으면 컴퓨터 켜고 고모가 있으면 컴퓨터를 끄거든요. 또 현실 속에서는 싸움을 못해도 가상에서는 싸움을 잘하게 되니까 자기 만족감 때문에 게임을 못 끊는 것 같아요."

면접자: "평소 본인의 성격은 어떻다고 생각하나요?"

아 동: "의지력, 끈기력, 지구력이 부족해요. 단전에 강하나 장기전에 약해요. 팔씨름도 그래요. 사람들이 많은 곳에 가면 떨거나 말을 더듬어요. 한 가지에 빠지면 흥미 있는 것이면 계속하고 흥미 없는 것이면 안 해요. 공부도 흥미 있는 과목만 해요."

면접자: "○○은 컴퓨터게임 중독에서 어떤 방법으로 극복하였나요?"

아 동: "자기 자신의 의지가 중요한 것 같아요. 중독인지 아닌지 테스트를 해서 자기가 중독인 것을 깨달아야 해요. 저도 테스트를 학교에서 했는데 70점 이상이라 문제가 있어서 그때 깨달았어요. 책을 보며 게임에서 관심을 책으로 돌렸어요. 독후감도 쓰고요. 부모님이 옆에 있으면서 관심으로 지켜봐 줘야 할 것 같아요. 부모와 규칙 세우기, 약속 지키기를 하여, 하기 싫은 것도 약속을 해요. 예를 들어 PC방에는 성적이 평균 80점이 넘을 때만

갈 수 있는 자유를 준다. 성적이 떨어지면 PC방에 허락 없이 못 간다. 일과표를 작성해서 귀가 시간을 정해 놓고 귀가시간을 어기면 일 분당 한 대씩 맞는 거예요. 또 제게 있어서 제일 약한 부분을 찾아 그것을 실시하는 겁니다."

면접자: "제일 약한 부분이 뭔데요?"

아 동: "저는 음식을 잘 먹으니까요. 때 돼서 컴퓨터 때문에 밥을 안 먹으면 굶기는 겁니다. 규칙 위반으로 잘못했으면 컴퓨터 사용을 일주일~한 달 사용 금지하기입니다. 컴퓨터 책상 안에 열쇠를 달아 놓고 본체를 못 만지게 해요."

면접자: "또 다른 방법은 어떤 것들이 있었나요?"

아 동: "'너는 꼭 컴퓨터 게임을 해야 되겠냐'라고 부모님이 저와 대화를 많이 하셨구요. 아빠의 담배 끊기와 컴퓨터게임 끊기를 내기했어요. 또 고모가 게임을 다 지우라고 해서 제 손으로 게임을 다 지웠어요. 그리고 책을 읽는 것에 관심을 갖고 책 읽기를 시작했어요. 처음으로 읽기 시작한 책이 『해리포터와 마법사의 돌』이었어요. 바둑도 배웠구요. 운동도 다시 시작했어요. 그리고 무엇보다 많은 도움이 되었던 것은 책 읽기였어요."

면접자: "컴퓨터게임 중독 극복 이후 지금까지 읽은 책은 얼마나 되나요?"

아 동: "고모가 사 준 『생각쟁이』, 『과학쟁이』, 『단편소설전집』, 『해리포터와 마법사의 돌』도 읽었고요. 고모가 사 준 전집, 책장에 꽂혀 있는 것 거의 다 읽었어요."

면접자: "○○이처럼 컴퓨터게임을 극복하려는 친구들을 위해 권해 주고 싶은 책이 있다면 무슨 책을 처음에 읽는 게 좋을까요?"

아 동: "『해리포터와 마법사의 돌』이 컴퓨터 중독 극복하는 아이들에게 좋은 책이에요. 그 책을 읽으면 컴퓨터게임을 안 하게 돼요. 저도 처음에 그 책을 읽었는데 계속 시리즈로 다 읽었어요. 그다음에 『한국 단편 소설집』을 읽었고, 위인전을 읽으면 좋은 것 같아요. 중독에서 극복하려면 우선 다른 취미생활이 있어야 하니까 책을 읽고 독후감도 쓰면서 자기 자신을 반성하고 정리하다 보면 컴퓨터게임 중독에서 벗어날 수 있거든요."

면접자: "컴퓨터게임 중독을 극복하려면 어떤 방법이 있을까요?"

아 동: "'무조건 하지 마라'가 아니고 대화가 중요해요. 자녀의 의견을 존중해 가면서 점점 게임시간을 줄여요. 그래도 안 들으면 '뭐를 하면 해 주겠다.' 하고 약속을 정해서 조건을 내세워 하라고 시키고 게임하는 날짜를 정해 줘요. 일요일에만 하도록 하는 거예요. 그리고 무엇보다 부모님이 자녀에게 관심을 갖고 대화를 많이 하는 거예

요. 또 아이에게 독서나 운동, 새로운 취미를 갖게 하고 인터넷에서 게임 중독을 극복한 친구들끼리 모임을 만들어 수련회를 가요. 가서 중독 중에 있는 친구에게 게임 이야기를 안 하기로 하고 같이 도우면서 극복하도록 하는 거예요."

면접자: "○○에게 가장 좋았던 중독 극복 방법은 무엇이었나요?"
아　동: "저는 책 보는 거와 운동이었어요."
면접자: "컴퓨터게임 중독에서 벗어난 지는 얼마나 되었나요?"
아　동: "4개월 정도 되었어요."
면접자: "○○의 장래희망은 무엇인가요?"
아　동: "한의사가 되고 싶어요."

4. 이기범 고모 상담

면접자: "조카가 컴퓨터게임을 처음 접한 시기와 계기는 무엇인가요?"
고　모: "따로 살다가 조카가 6학년 때 우리 집에 들어왔는데 중학교에 입학하니 학교에 컴퓨터를 사들이잖아요. 전체적으로 많이 사들였어요. 그러면서 무방비 상태로 넣고 하다 보니 아이들에게 자료 검색하는 것부터 가르치는 교육용이 아니라 게임부터 하고 그러다 보니 컴퓨터게

임을 더 하게 된 것 같아요. 학교나 면사무소에서 컴퓨터를 가르쳐 준다고 하면서 가 보면 교육은 안 하고 게임을 하고, 그리고 학교가 서울과는 달리 시골이라 학급이 정해져 있는 것도 아니고 한 반 전체 아동이 24명인데 열 명 정도는 공부도 안 하고 공부에 별로 신경도 안 써요. 공부 못하면 공고에 가려고 아이들도 마음먹고 그러다 보니 친구들이 공부를 많이 하는 친구들이 없다 보니, 컴퓨터게임을 더 하게 된 것 같아요."

면접자: "조카가 엄마 아빠랑 살지 않고 왜 고모와 함께 살게 되었나요?"

고 모: "○○이가 초등학교 6학년 때 부모님이 이혼한다고 하여 저희 집에서 생활하게 되었어요. 부모님이 이혼한 지는 2년이 되었어요. ○○이가 중1 때 이혼하였으니까요"

면접자: "○○이 아빠께서는 어떤 일을 하시나요?"

고 모: "가든에서 정육점도 하며 음식점을 직접 경영해요. 저희 집과 멀지 않은 곳에서 일하고 있어요."

면접자: "조카가 엄마, 아빠는 자주 만나고 있나요?"

고 모: "아빠는 가까이 있으니까 자주 만나지만 엄마는 이혼 후 아예 안 만나죠."

면접자: "컴퓨터를 구입한 지는 얼마나 되었나요?"

고 모: "3년 되었어요."

면접자: "인터넷 설치는 언제 하였나요?"

고　모: "여기가 시골이라서 매가패스가 안 되다가 작년에 개통이 되어 작년에 인터넷을 설치했어요."

면접자: "조카의 컴퓨터게임 중독 실태는 어떠하였나요?"

고　모: "밥을 안 먹고는 못 사는 애인데 컴퓨터게임을 할 때는 옆에서 밥을 먹고 있어도 밥을 안 먹고 굶으면서 게임을 했어요. 또 제가 일 나갔다 오면 그때까지 컴퓨터 앞에 앉아 있고 동생과 컴퓨터게임 때문에 매일같이 싸우고 제가 잘 때까지 기다렸다가 몰래 일어나 자기 방에서 컴퓨터게임을 하며 밤을 새운 적도 있죠. 몇 번이나 들켰어요. 또 밤샘을 하며 컴퓨터게임을 하니까 학교성적이 떨어졌죠. 가족들이 어디 외식이나 외출할 때 같이 가자고 하면 안 나가겠다고 버티며 혼자 집에 남아서 컴퓨터게임만 하고 싶다고 하고 제 눈을 피해 가며 컴퓨터게임을 했죠."

면접자: "조카가 컴퓨터게임에 중독되었다고 자각할 때 어떤 증세가 있었을 때 그것을 느꼈나요?"

고　모: "처음에는 중독이라고 못 느꼈죠. 요즘 컴퓨터가 대중화되었으니까, 학교에서 배운 컴퓨터 활용하는 방법을 복습하는 줄 알았죠. 그런데 때 되면 꼬박꼬박 밥을 잘 먹던 아이가 식사 시간에 같이 밥도 안 먹고 동생들과 게임 때문에 자주 싸우고 밤에 공부하는 줄 알고 방문을 열어 보면 새벽까지 컴퓨터게임을 하고 있었죠. 그리고 밖에 나가 놀지도 않고 하루 종일 방 안에서 나오지도 않고 자기가 좋아하던 TV도 안 보고 컴퓨터게임을 하여서 성적이 떨어지니 '얘가 중독이구나' 하고 생각을 했던 거죠."

면접자: "조카의 컴퓨터게임 중독 극복에 대한 고모의 동기는 무엇이었나요?"

고 모: "우리 집에 데리고 온 목적이 공부시키려고 데리고 왔거든요. 엄마 아버지 밑에서는 제대로 공부를 할 수 있는 환경이 못 되니까. 애가 장손이라 공부를 시켜야겠다고 한 목적이 있었는데, 예전에는 TV만 보느라고 공부를 안 했고 이제 컴퓨터게임 때문에 책을 안 보고 하니까, 학교 성적도 떨어지고 그래서 야단도 많이 먹었어요. 시골이라 아이들이 치열하게 경쟁을 하며 공부를 하지 않거든요. 그런데 컴퓨터 때문에 성적이 자꾸 떨어지니까 안 되겠다 싶어 극복을 시키려고 한 계기가 된 거죠."

면접자: "조카의 컴퓨터게임 중독 극복을 위해 고모께서 지도하신 방법은 무엇이었나요?"

고 모: "처음에는 때렸어요. 잔소리도 많이 했어요. 그런데 잘 안 고쳐져요. 계속 반복해서 때리고 잔소리했죠. 그래도

안 되면 컴퓨터 코드잭을 빼서 제 차에 넣고 돌아다녔어요. 또 얘는 굶고는 못 사는 아이거든요. 그래서 게임을 많이 하면 제가 굶기는 겁니다. 몇 번 굶으면 배가 고프잖아요? 그러면 조금씩 고쳐졌어요. 그런데 아이가 할머니와 같이 집에 있는 날에는 할머니가 안쓰러워 밥을 먹이기 때문에 한동안 안 고쳐지더라구요."

면접자: "때리면 말을 듣긴 듣나요?"

고 모: "고모니까 말을 듣긴 들어요. 그리고 처음부터 일관성 있게 어른도 같이 한 약속은 끝까지 지키는 거예요. 벌칙이든 사 주는 것이든 아이와 약속을 했으면 그것을 끝까지 지켜 꼭 이행한다는 인식을 시켜 줬어요. 어떤 날은 때리고 벌주고 어떤 날은 안 주는 게 아니라 아이와 약속을 했는데 위반했으면 끝까지 때리든 벌을 주든 제가 지키는 겁니다."

면접자: "아이와 주로 어떤 약속을 정했나요?"

고 모: "때 되면 같이 식사를 하기, PC방에는 성적이 평균 80점 이상이 되어야 보내 준다고 했죠. 집에서의 규칙을 잘 지킬 때만 PC방에도 토요일, 일요일 날에만 보내 준다, 자기가 해야 할 일을 잘하면 보내 준다, 하루에 컴퓨터게임은 한 시간 이상하지 않기 등을 정했죠."

면접자 "그 외 다른 지도 방법은 무엇이 있었나요?"

고　모: "아이가 유난히 컴퓨터 쪽에 관심이 많고 잘 아는 것 같아서 특별히 그 쪽에 더 발달된 것 같아요. 동생은 하라고 시켜도 재미없다고 안 하고 싫증을 내거든요. 그래서 아이가 컴퓨터 쪽에 바이러스 퇴치 프로그램도 아니까 아이의 취미를 컴퓨터 쪽으로 자격증을 따도록 유도를 했죠. 그리고 아이의 취미를 딴 데로 돌렸죠. 책을 많이 읽게 해 주려고 『생각쟁이』, 『과학쟁이』를 전집으로 사 주고 『단편소설집』, 『해리포터와 마법사의 돌』 책을 사 주며 읽게 했어요. TV도 꼭 필요한 프로그램만 보게 하였어요. 처음에는 너무 강압적으로 하니까 힘들었는데 어느 정도 시기가 지나니까 자기도 책 보는 게 몸에 배는 것 같더라구요. 그리고 일요일마다 교회에 빠지지 말고 다니게 하였어요. 시골이라 학원이 없어 학원에 못 다니니까 컴퓨터로 과외처럼 공부하는 사이트에 가입했어요. 'Cool. 2000'에 3년간 가입해서 그것을 집에서 공부시키고 있어요. 초등학교 1학년부터 고3까지 공부하는 건데 한 집에 한 명만 신청하면 다 같이 사용할 수 있어요. 과외비라 생각하고 그것을 동생들과 같이 시키고 있어요. 학교 선생님한테 무슨 일(거짓말)이 있으면 확인 전화도 하고 용돈도 일주일에 만 원씩 주다가 끊어보기도 했어요. 돈을 헤프게 쓰니까 돈을 안 주고 간식을 싸 주기도 하고 그랬어요."
면접자: "조카가 컴퓨터게임 중독에서 극복한 지는 얼마나 되었나요?"
고　모: "거의 넉 달 정도 된 것 같아요."

▲ 얏호! 나도 잡았다!

▲ 빨리 밧줄 갖고 이리 와 봐. 이 스티로폼으로 배를 만들자구

▲ 공놀이하는 아이들

에필로그

에필로그

아동의 컴퓨터게임 중독 극복 사례연구

문학을 사랑하다 보니 뒤늦게 학위과정을 하나 더 공부하게 되었다. 수업 발제문과 논문을 준비하면서 국회도서관이며 국립중앙도서관을 자주 찾게 되었다. 작년에 국회도서관에서 우연히 내 논문에 별이 세 개 달려 있는 것을 보았다. '아직도 아이들의 컴퓨터게임 중독 문제로 고민하거나 연구하는 이들이 많은 건가?'

오래전에 쓴 논문을 한 장씩 넘기는데 그때의 아이들 모습과 목소리가 들려오는 것 같았다. 컴퓨터게임 중독에서 빠져나온 아이들과 함께 여러 프로그램을 진행하던 일, 1박 2일 캠프에 동참하며 아이들끼리 서로 격려하던 일….

이 책은 2002년에 받은 학위 논문 「아동의 컴퓨터게임 중독 극복 사례연구」를 일부 수정하여 쓴 글이다. 이 논문이 연구자들뿐만이 아니라 부모와 교사들에게도 필요한 도서가 되었으면 하는 마음에 출간하게 되었다.

책 속의 아이들이 이제는 서른이 넘은 성인이 되었다. 잘 자라서 어디에선가 필요한 사회 구성원으로 살아가고 있으리라 믿는다. 문득 보고 싶어진다.

2025년 5월에

정여운

참고문헌

강경석, 「컴퓨터게임의 몰입기제에 관한 연구」, 연세대학교 석사학위논문, 2000.
강운선, 「컴퓨터 시뮬레이션 게임이 학습자의 行態에 미치는 상대적 효과에 관한 연구」, 서울대학교 석사학위논문, 1997.
강태옥, 「전자오락이 국민학생의 공격성에 미치는 영향」, 우석대학교 석사학위논문, 1993.
권준수, 「새로이 출현하는 문명병-인터넷 중독증」, 대한의사협회지 42권 제8호, 1999.
김귀자, 「컴퓨터 게임과 학습전략과의 관계에 관한 연구」, 한양대학교 석사학위 논문, 2000.
김일숙, 「컴퓨터게임과 초등학교 폭력에 관한 연구」, 인제대학교 석사학위논문, 2001.
김종범, 「인터넷중독 하위집단의 특성연구」, 연세대학교 석사학위논문, 1999.
김형천, 「중학생의 컴퓨터 이용실태와 생활변화에 관한 분석적 연구」, 동아대학교 석사학위논문, 1999.
류경문, 「온라인 게임 몰입수준에 미치는 영향요인에 관한 연구」, 한양대학교 석사학위논문, 2000.

문화체육부,「정보화 사회에서의 건전 청소년 문화 육성방안-컴퓨터 게임과 컴퓨터 통신을 중심으로」, 1995.

박구연,「가족기능과 자아개념이 고등학생의 컴퓨터게임 중독에 미치는 영향」, 서울여자대학교 석사학위논문, 2001.

성주은,「PC통신 중독자의 성격특성에 관한 연구」, 한양대학교 교육대학원 석사학위 논문, 1999.

송원영,「자기효능감과 자기통제력이 인터넷의 중독적 사용에 미치는 영향」, 연세대학교 석사학위논문, 1998.

송원임,「컴퓨터게임 문화가 초등학생의 생활양식에 미치는 영향」, 한국교원대학교 석사학위논문, 2001.

신현주,「온라인과 오프라인의 인간관계를 중심으로 본 한국 사이버 공동체의 특성-인터넷 사이트 동호회 사례 중심으로」, 서강대학교 언론대학원 석사학위논문, 2000.

안 석,「인터넷의 중독적 사용에 관한 연구-서울 소재 중학생을 대상으로」, 연세대학교 석사학위논문, 2000.

어기준,「청소년의 컴퓨터 중독유형과 제빈문제점, 제19회 특수상담 사례 연구 발표연구 논문」, 한국청소년상담원, 2000.

윤재희,「인터넷 중독과 우울, 충동성, 감각추구성향 및 대인관계의 연관성」, 고려대학교 석사학위논문, 1998.

이봉건,「가상현실에서의 정신 병리적 문제」, 한양대학교『대학생활연구소』15호, pp. 49~60, 1997.

박영사, 「청소년들의 PC통신 이용실태 및 청소년들에게 미치는 영
　　　향에 관한 연구」, 영남대학교 석사학위논문, 1996.
이송선, 「청소년의 컴퓨터게임 중독과 정서적 특성과의 관계」, 서
　　　울여자대학교 석사학위 논문, 2000.
이용덕, 「초등학생의 컴퓨터게임 이용 실태 분석과 지도방안 탐
　　　색」, 순천대학교 석사학위논문, 2000.
이정화, 「청소년의 컴퓨터게임 中毒이 家族關係에 미치는 영향」,
　　　한국외국어대학교 석사학위논문, 2001.
이주한, 「컴퓨터 게임의 상호작용성에 관한 연구」, 서강대학교 석
　　　사학위논문, 1997.
이화옥, 「청소년의 전자오락 출입정도에 따른 가정환경 요인 및 인
　　　성특성」, 숭실대학교 석사학위논문, 1994.
임은미, 「청소년 사이버문화의 이해와 지도방안, 청소년 사이버
　　　문화」, 한국청소년상담원, pp. 127~138, 1999.
전은희, 「컴퓨터 게임 개발자 집단의 몰입체험에 관한 문화기술적
　　　연구」, 서울대학교 석사학위논문, 2000.
최원준, 「컴퓨터 네트워크 게임 특성과 게이머의 심리적 체험」, 고
　　　려대학교 석사학위논문, 2000.
청소년 대화의 광장, 「청소년과 전자오락-청소년 상담문제 연구
　　　보고서」, 1993.
황상민 · 한규성, 「사이버공간의 심리: 인간적 정보화 사회를 향해

서」, 박영사, 1999.

Goldberg(1995), 인터넷중독 진단기준, 인터넷 온라인 중독 센타 (2001. 4. 30).
    http://www.psyber119.com/main.htm
    http://www.plazal.snu.ac.kr/~psyber/iad.htm
Goldberg, I.(1996), Internet Addiction, Electronic message posted to research discussionlist. research@cmhcsys.com.
    E-mail: Psydoc@Psycom.Net World Web.
    http://www.cmhc.com/mlists/research/
Griffiths, M. D.(1999), Internet addiction, The psychologist, 12 (5), pp. 246~250.
Kraut, R., Lundmark. V., Patterson, M., Kiesler, S., Mukopadhyay. T.,& Scherlis, W.(1998), Internet paradox: A social technology thapsychological well-being? American Psychologist, 53(9), pp. 1017-1031.
Marks, I.(1990), Non-chemical (behavioral) addictions, *British Journal of Addiction*, 85, 1389-1394.
Young, K. S.(1996), Internet can be as alcohol, drugs, and gambling, An APA news release. http://www.apa./org/release/internet.html

Young, K. S.(1997), Internet addiction: symptoms, evaluation, and treatment, A Source book, Vol. 17.

Young, K. S.&Rodgers, R.(1997), The relationship between depression and internet addiction, *Cyberpsychology and Behavior, 1 (1)*, pp. 25-28.

Young, K. S.(1998), *Caught in the Net : How to Recognize Internet addiction and A Winning strategy for Recovery, New york, NY : John Wiley&Sons, Inc.*

로그아웃,
돌아온 아이들

ⓒ 정여운, 2025

초판 1쇄 발행 2025년 8월 28일

지은이	정여운
펴낸이	이기봉
편집	좋은땅 편집팀
펴낸곳	도서출판 좋은땅
주소	서울특별시 마포구 양화로12길 26 지월드빌딩 (서교동 395-7)
전화	02)374-8616~7
팩스	02)374-8614
이메일	gworldbook@naver.com
홈페이지	www.g-world.co.kr

ISBN   979-11-388-4688-2 (03330)

- 가격은 뒤표지에 있습니다.
- 이 책은 저작권법에 의하여 보호를 받는 저작물이므로 무단 전재와 복제를 금합니다.
- 파본은 구입하신 서점에서 교환해 드립니다.